社長が口に出して教えるべき

会社を強くする50の定義

社長！あなたの発する言葉は
社員に通じていない！

Kenichi Matsui
松井健一

Subarusya

まえがきに代えて――常識的経営用語の本当の意味を教えよ

社長の言葉は社員に通じていない――。

そういう危惧を感じたことはないだろうか。どうも社内の意思疎通が悪い。上の言ったことが下まで伝わらない。伝わったとしてもその真意が伝わっていなかったり、ねじ曲げられて伝わっている。そういう企業は下からの情報も正しく社長の目や耳に入らない。上司と部下のすれ違いが日常茶飯事なのだ。そしてお互いに理解し得ない状態でイライラしている。

「何度言ったら分かるんだ」「そんなことは聞いていません」「その件はこういう事だと思っていました」等の言葉が飛び交っている。そんな企業に限ってやたらと会議が多い。

こんな現象が起きるのは、社内で使われている日常的な経営用語に、上司と部下の理解が食い違っているからだ。そんな馬鹿なことがと思われるかもしれないが、実際に筆者がビジネスの現場で、社長の発する言葉が社内で通じていないことに何度も直面している。

こんな場面を思い浮かべて頂きたい。新年度経営方針発表の場での社長の訓辞である。

「この厳しい経営環境において、**管理職**の皆さんには次のことをお願いしたい。先ずは、今期立てた**目標**は必達することだ。何事も努力し**頑張れ**ばできないことはない。自分の**仕事**の**ミッション**は何かを再確認し、部下への**リーダーシップ**を発揮し、**顧客満足**を高めて欲しい。

今期の重点項目としては、**売上げ**も大事だが**利益**を重視しなければ経営は成り立たない事を再確認することだ。特に部門長には今にも増して、部門目標に対する達成度を評価基準の重点とする**成果主義**を徹底し、**公平公正**な観点から厳正に評価したいと思っている。そのために、管理職としての使命をよく理解し、**生産性**の向上に努めてもらいたい。今まで陥りがちであった年功主義的処遇のあり方を見直し、**能力**主義に基づく成果主義を徹底することを再度強調しておく。

以上のことを実現するために、管理職は部下の人材育成に心がけ、能力向上を図ると同時に、目的意識を持たせ、活力ある職場づくりを目指し、**プロ**集団としての実績を示してもらうことを期待する」

話せば3分足らずのスピーチである。新年度に臨む社長の決意は伝わってくる。しかしこれを聴いている管理職が、社長が言わんとしている真意をきちんと理解しているかどうかは分からない。

訓辞を述べている社長自身も聞いている管理職もその場ではお互いに分かっているつもりになっている。しかし後に、社長の発言内容と管理職の理解に大きな食い違いがあることに愕然とするはずだ。ちなみに、太字部分の言葉を管理職に投げかけ、その理解度が自分自身とどれだけ違うのか確かめて欲しい。

本書は、このような現場での出来事に直面してきた実務家として、何とかして日常使われている経営用語の統一ができないものかと考え、実際の顧問会社でも実行してきた実例の一部と、必ず必要となる言葉の考え方をまとめたものである。

言葉は力なり。

同じ言葉を使いながらその内容の理解が食い違っていては企業力は半減する。特に管理職の役割でよく使われる用語の社内統一化は、企業のコミュニケーションの円滑化には欠かせない。

本書は社長自身が特に意識しなければならない章と、管理職に理解させなければならない章及び一般社員に徹底させなければならない章の3章に分けて整理した。

本書で示した経営用語の考え方は、学術的意味を探求したり、法令の解釈を試みることではない。社内で使われる仕事に関する用語が、それを口頭や文書で使う経営者・管理職と社員の間で同じ価値観で理解されるよう配慮したつもりである。

本書を参考にされ、自分の企業の業績向上のために共通の経営用語の理解度の再確認と再構築に役立て頂くことを期待している。

松井経営人事研究所　松井　健一

社長が口に出して教えるべき

「会社を強くする50の定義」

●目次●

CONTENTS

CONTENTS

2章 幹部社員に理解させる定義

CONTENTS

3章 一般社員に徹底させる定義

CONTENTS

◎カバーデザイン　赤谷直宣

1章

社長自身が強く意識すべき定義

社長自身が強く意識すべき定義(解説)

社長自身が発する言葉には、本来奥深い意義がなければならない。それには、格好を付けたり、気取ったりする必要はない。社長が発する言葉は経営そのものであり、組織あるいは社員に計り知れない大きな影響をもたらして然るべきなのである。

しかし現実は、社長であるあなたの一言一句を社員は傾聴し、敏感に反応している気配が感じられているだろうか。たぶん、いくら言っても分からない、真意が伝わらない、何度も同じ事を繰り返し言わないと実行されない等、不甲斐なさとストレスを感じているはずだ。

そんなとき、なぜ我社の社員は……と嘆く前に、自分が発している言葉が社員にどれだけ理解されているのか、謙虚に反省していただきたい。嘆いていても解決しない。あなたは、社員が理解できるように言葉遣いに気を付けたり、分からせるような努力をしてきただろうか。

本章で掲げた15の定義は、経営の根幹をなす言葉である。この言葉の理解が他のすべての経営用語を理解する上での基本になる。今まで分かっていたつもりであったが実際はどうだっただろうかとよく検証し、次の2章、3章へと読み進めていただきたい。

1

「社長」の職責をわきまえているか

――社長とは会社の先頭に立ち、経営戦略を率先実行し、社内外から成果が評価される経営の最高責任者である。社長の経営能力次第で会社は成長するし、衰退する――。

会社を強くする視点　→「社長」

オーナー社長とサラリーマン社長がいる。どちらにせよ、会社のビジョンとミッションを経営戦略の実行という形で引っ張っていく使命を持ち、限られた経営資源を最適分配して成果を上げる責任がある。ところが最近は会社の一大事に命運を共にせず、真っ先に逃げる社長が増えている。

企業業績の最終責任が問われる存在である。その責任を再認識する必要がある。

社長でいることは当然のことか?

当たり前だが、会社の中で一番偉い人は社長である。しかし実際は、そんな単純なものではない。公式論では、会社は設立登記によって法人としての人格(法人格)が与えられ、権利義務の主体となる。そして企業経営に実際にたずさわる経営者層は、株主総会によって選出され、その後の取締役会によって代表取締役と役付取締役が選任される。

法人格を代表するのが代表取締役で、社長という名前は本来単なる通称に過ぎない。理屈で言えば、社長とは会社から委任契約により経営していくことを依頼された単なる代表者なのだ。ところが、中堅中小企業では総会の議決権限を握っている大株主と代表取締役が同じ場合が多いため、多くの社長は自分が社長でいることを当然と思い、企業を動かす実権は疑問も抱

オーナー社長とサラリーマン社長

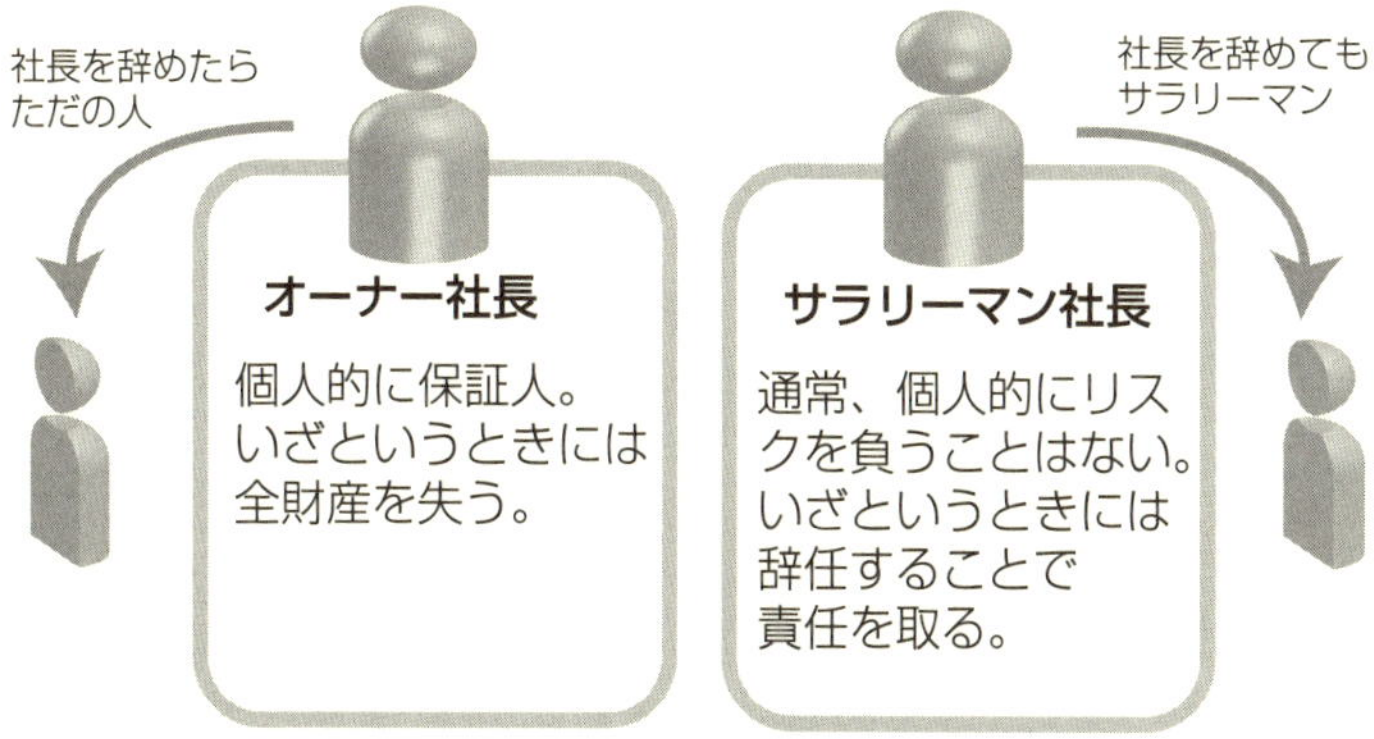

かず自分のものと思い込んでいる。

しかし、代表取締役は、権限と同時に義務と責任が明確に定められており、その違反には民事・刑事責任が問われることになっている。たとえ自分が作った会社で自分の好き勝手に経営できる立場にあっても、あくまで会社という存在から経営を委任されているのだという考え方を忘れてはならないのだ。

大手企業の経営陣はほとんどがサラリーマン社長である。そのため経営の失態に対しては厳しい指弾がなされ、辞任、退任に追い込まれる例が後を絶たない。

一方、ほとんどの中堅中小企業では、代表取締役が金融機関に対して借入金の個人保証をしている。いざとなれば個人財産さえ失いかねない立場にある。

こう考えると、社長という立場はその激務と責任について考えれば、一般世間が考えるほど恵まれた立場とは言えない。それでも心あるビジネスパーソンは組織の中で社長を目指し、または自ら起業する。

社長は偉い人ではなく、辛い人である

社長という存在にはその気になれば誰でも簡単になれる。現存する約300万社と言われる会社の数と同じ数の代表取締役がいる。しかし、重要なのは社長という名前の座に付くことではない。社会的存在として認められ、その責務を果たしているかどうかだ。

経営を率いる社長には「ひと」「もの」「かね」「管理」「情報」という経営資源を的確に使い分け、いかに事業を成長させていくかという手腕が問われるのはどの業種・業態でも共通している。

しかし、経営環境の激しい現況では、業種に関連した見識と同時に、業種を超越した広い視野と、経営者としての使命の認識、経営判断力と実行力が常に問われる。

まさに、社長は偉い人ではなく、辛い人である。そのプレッシャーに耐えられなくなったら潔く一線を引かなければ企業の命運を損なう。今の時代は「おれの会社はおれの好きなようにする」と帝王のように振る舞える時代ではない。このような社長には分別をわきまえた有能な社員達はついてこない。

2

確固とした「経営理念」で会社を動かしているか

――会社は「志」がなければ成長しないし、強くならない。経営理念とは、何のために会社を経営しているのかを問うものである。社長たる者、「何があってもこれだけはやる！」、あるいは「これだけは譲れない！」という確信を持つべきである――。

会社を強くする視点 →「経営理念」

企業は収益を上げなければならない。しかし、何をやっても儲ければいいというわけではない。儲けだけを目指すのであれば、何も今やっている業種でなくてもいい。儲かりそうな商売をやればいい。今の商売をやっているのは訳があるはずだ。何が何でもこの志は譲れない、あるべき姿、目指すべき目標を追求することで会社は成長するのである。

経営者の哲学を表すのが「経営理念」である

職業柄、多くの企業の応接室に通される。それなりの歴史のある会社では応接室の壁にはほとんどと言っていいほど社是・社訓・経営理念などが額縁に入れられて飾られている。社是や社訓は「和」「誠実」「愛」等といった比較的短い言葉で表現されている。それに比べて経営理念の表現は少々長く文章化されている場合がほとんどである。

社是・社訓の類と経営理念はどこがどう違うのか。そして企業にとって、その必要性はどのようなものなのだろうか。

ある外資系企業のトップと話していたら、社是や社訓は英語で言うと「Principle」で、経営理念は「Philosophy」であると言う。辞書を引いてみるとPrincipleは原理原則・主義信条であり、Philosophyは哲学・哲理・原理・理論とある。要は企業における創業者や経営者の事業に対する思

経営理念と社是・社訓との違い

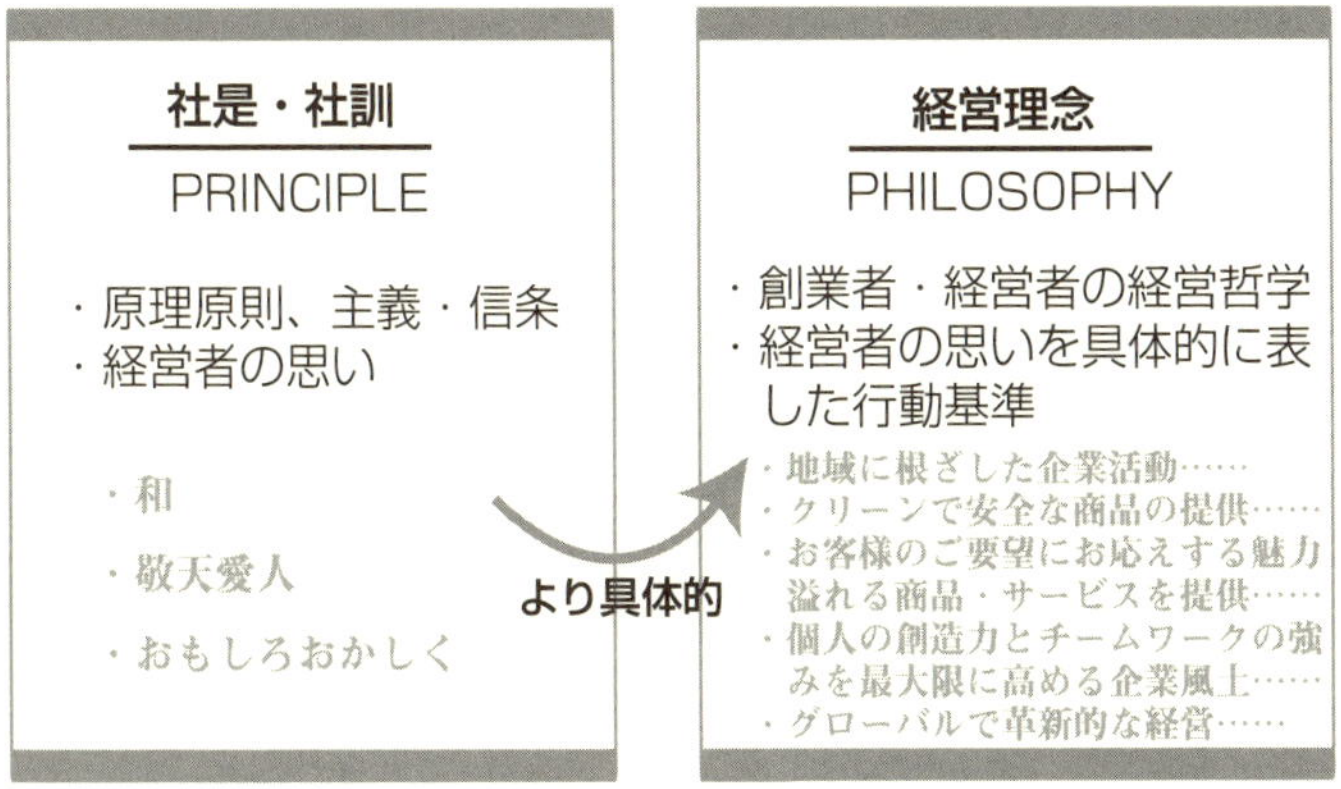
社是・社訓
PRINCIPLE
・原理原則、主義・信条
・経営者の思い
・和
・敬天愛人
・おもしろおかしく
より具体的
経営理念
PHILOSOPHY
・創業者・経営者の経営哲学
・経営者の思いを具体的に表した行動基準
・地域に根ざした企業活動……
・クリーンで安全な商品の提供……
・お客様のご要望にお応えする魅力溢れる商品・サービスを提供……
・個人の創造力とチームワークの強みを最大限に高める企業風土……
・グローバルで革新的な経営……

いで、経営環境や時代の変化があっても安易に変えてはいけない企業経営に臨む基本姿勢と言ってもいいのだろう。

ちなみに、京セラの社是は「敬天愛人」、経営理念は「全従業員の物心両面の幸福を追求すると同時に、人類、社会の進歩発展に貢献する事」とある。堀場製作所の社是は「おもしろおかしく」、経営理念としては「豊かな未来に向かって限りなく成長する」である。

あのカルロス・ゴーン氏のリーダーシップで見事に復活を遂げた日産は、ビジョンとして「人々の生活を豊かに」を掲げ、ミッションとして「わたくしたち日産は、独自性に溢れ、革新的なクルマやサービスを創造し、その目に見える優れた価値を、全てのステークホルダーに提供します。それらはルノーとの提携のもとに行なっていきます」と唱っている。

経営者の「思い」を具体的な行動に変える

このような一例を見ただけでも社是・社訓、またはビジョンといわれるものは、その企業の経営者の経営に関する思いであり、経営理念やミッションは、その精神的な思いを具体的な企業活動の中で実現していくための行動基準と言ってよいだろう。

こんなスローガンを掲げて何になる。経営とはきれい事ではなく、もっと泥臭いものであると言う人もいる。現に、反社会的行為が発覚し、その企業が掲げている理念が立派であればあるほど、その落差に愕然とする例は後を絶たない。

それでは、社是や経営理念は企業にとって単なる飾り物か。決してそんな事はない。経営陣の思いや考え方は必ず日常の経営活動に反映される。表現方法はいろいろあるだろうが、ますます経営における姿勢が問われる時代である。

経営環境は変化する。創業者の精神は尊重するが、経営方法はどんどん変えていく姿勢が企業を蘇らす。松下電器産業の中村邦夫社長は、松下幸之助の理念である「会社は公器である」「日々新たには」を尊重しながらグループ再編を実行し、従来の聖域であった事業部制を解体し、家族経営、世襲のあり方にも大胆な変革を実行した。経営に対する思いが強ければ強いほど、改革行動の実現性は高まる好事例である。

3

「ビジョン」で具体的な行動を示しているか

――経営者の経営精神が「ビジョン」であり、それを具体的行動へと実現化する基準となるのが「ミッション」である。社長はそれらを分かりやすい言葉で社員達に示さなければならない。実際の経営では一般的に「ミッション」より「ビジョン」が優先する――。

会社を強くする視点　→「ビジョン」

ビジョンは単なる空想や妄想の類である白日夢とは違う。ビジョンに基づき、自分のやるべきことを明確にさせ、具体的な日常行動に結びつけられるように指導していくのが社長としての務めである。

一般社員にとって仕事とは、好きなことをやらせてもらうものではなく、ビジョンに基づき自分自身の努力で切り開いていくものである。だからこそ、そこにミッションが生きてくる。

ビジョンを具体的なミッションに落とし込む

最近、経営者層の口から「ミッション」「コミットメント」という言葉がよく出てくる。ビジョンを含めたこれらの言葉は経営の原点であり、あの日産自動車をリバイバルさせたカルロス・ゴーン氏の発言に影響を受けた、単なるはやり言葉に終わらせてはならない。

経営が単なる金儲けだけのためなら、何をやっても結果として利益を上げればいいだろうという事になってしまう。縁あって今の事業を手がけているのは、その事業自体に取り組む何らかの意義があるという認識である。

ビジョンとミッションとの関係はどの様なものなのか。ビジョンは仕事に対する思い入れで、夢ややりたいことであり、そこから一歩進んで「やってやろうじゃないか！」と思い、心に

ビジョンとミッション

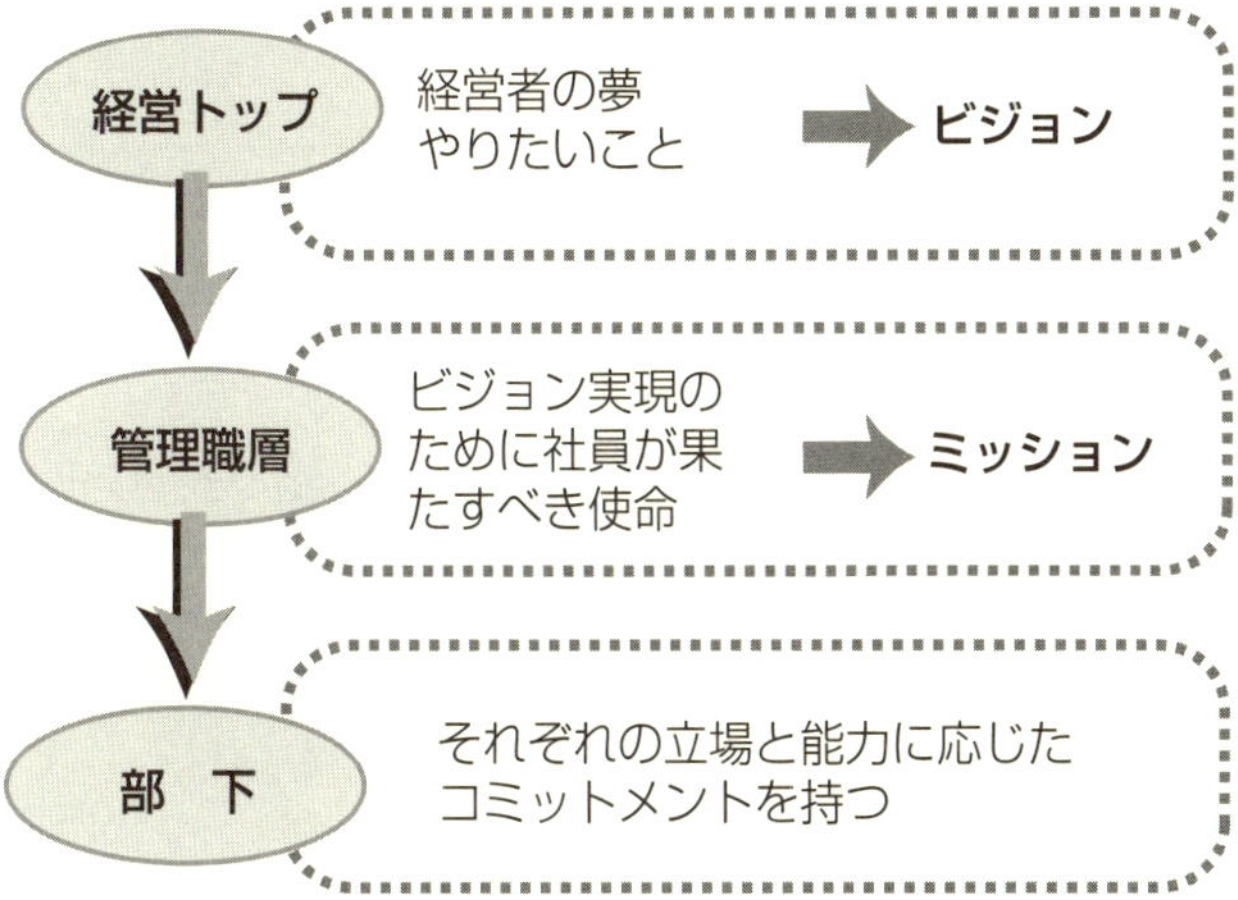

固く誓う事がミッションではないかと考える。

ミッション経営というと、事業活動を通じて「社会的役割」を果たそうとする経営であり、企業の存在意義を訴えることとして、ビジョンの上位に位置づけられて説明されることもある。

しかし通常、企業の中でミッションというと、経営ビジョンに基づき、社員がそれぞれの果たすべき職責を強く表現したものであると考える方が分かりやすい。

▼社長のミッションに社員が共感するか

そのような意味合いからすると、社員に対して「ミッション」を持てと号令を下すには、経営陣は前もってビジョンを社員に示す義務がある。

示されたビジョンに共感し、その実現のために社員たちがそれぞれの立場と能力に合ったミッションを持ち、相互に協力し合って仕事を進めていく。これが今企業にもっとも求められている事ではないだろうか。

今の時代、夢や目標を持ちにくい時代だといわれる。若手ビジネスパーソンのビジネスに対する意欲の薄弱さが嘆かれている。しかし、その原因の多くは、明確なビジョンを持てない経営者層に責任がかなりある事を再認識しなければならない。

経営トップは明確なビジョンを持ち、それに基づいて管理職がそれぞれの立場で明確なミッションを固め、部下たちをその実現にリードしていく義務がある。単に掛け声だけで「頑張れ」といっても、何に対して頑張るかがはっきり見えなければ社員たちは動きようがない。

カルロス・ゴーン氏は「コミットメント」と「ターゲット」の定義を明確にして社員のモチベーションを高め、大胆な変革を実行した。

「コミットメント」とは、達成すべき目標。未達成の場合は、具体的な形で責任をとるという意味合いである。つまり「必達目標」と言い換えてもいいだろう。それを「ターゲット（コミットメントより高い目標）」に結びつけて、以前の経営者では成しえなかった改革を実行し、驚くほどの成果を生み出したのである。

4

「経営方針」に則って事業を進めているか

――経営理念や社是を単なるスローガンで終わらせないための基本方向を示すのが「経営方針」である。会社という船を操り大海にこぎ出すには、この経営方針を確実に示すことが必要だ――。

会社を強くする視点 →「経営方針」

企業経営は具体的な現実行動である。どんなに経営に関する理念が優れていても実際の行動に結びつかなくては、単なる戯言になってしまう。

経営理念や社是には日の目を与えなければならない。それが経営方針である。常にこれが行なわれているかを社長自らチェックしてみることだ。経営方針が不明確なら、経営風土もだらしないものになっているはずだ。社員の向上心も薄れているだろう。

経営方針が明確にされないと部下はヤル気を失う

月刊情報誌から一業を成した「ぴあ」の矢内広社長がこんな事を語っている。

ある年の事業戦略会議で前年に決めた21世紀の戦略ビジョンを説明し、議論を始めようとしたとき、入社8～9年の30代の若手社員が「将来について熱く考える社員が減っています。社長のビジョンは実現できないと思います」と言ったという。

びっくりしてよく議論してみると、企業の成長に伴い、会社がどこへ向かおうとしているのかが伝わりにくくなったのが社員の熱が失われた原因で、明確な企業理念を打ち出して会社の方向性を示す必要があるという結論に集約されたそうである。矢内氏は企業理念などという言葉は好きではなく、ましてや額縁に入った「企業理念」などを唱和するなどまっぴらだと正直に

経営理念・経営方針・経営計画

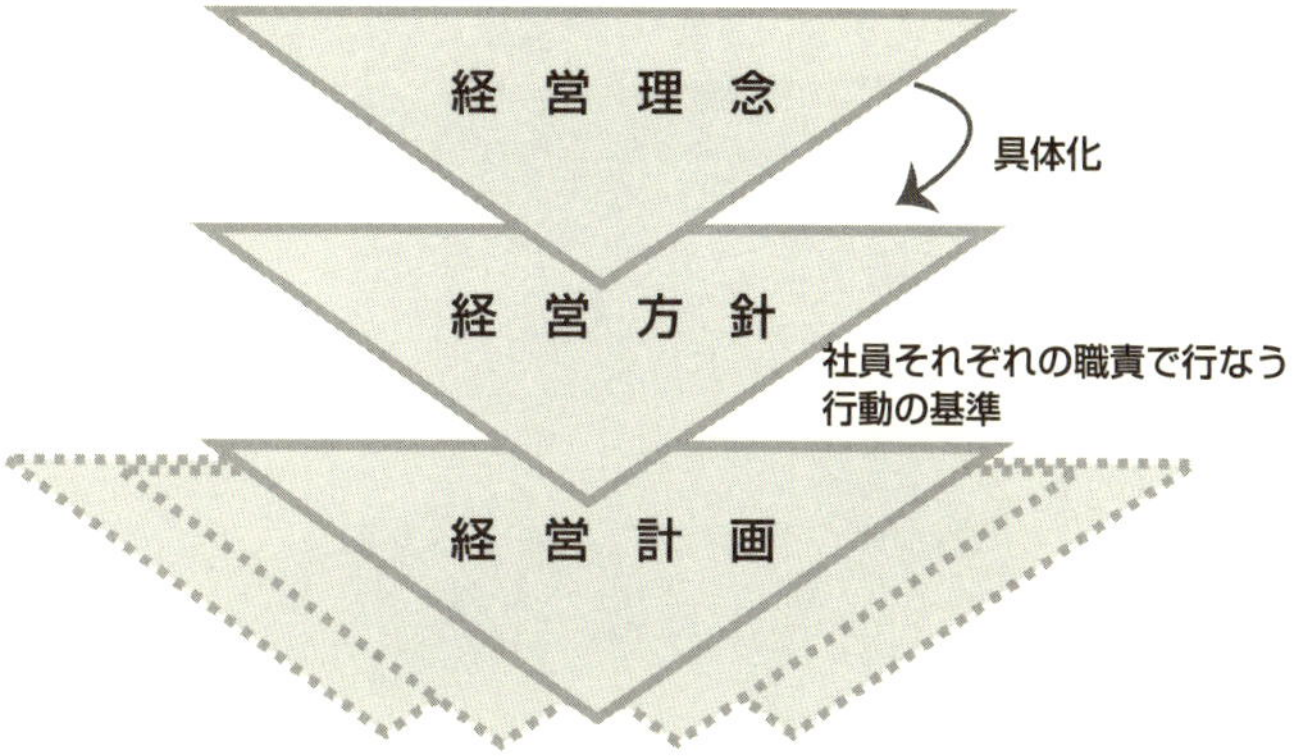

言ったそうだ。案外若い社員の方が保守的だと思ったのではなかろうか。

しかし若手社員からは「企業理念を言語化するのは社長の責任で、社長の好き嫌いの問題ではない」と諭されたと語っている。

その結果、「ひとりひとりが生き生きと」という言葉に集約され、その後の説明会で社長自らが全社員と話をする機会を持った時から社員との距離が近くなった事を感じたと述べている。

社員は自分が毎日取り組んでいる仕事の意義を感じながら仕事をしたいのだ。真面目に仕事にチャレンジしている社員ほどその考え方は強い。これが会社の基本方針だからそれぞれの立場で具体的に推進せよと号令をかけても、何のためにそうしなければならないのかと心の納得が得られないと情熱を傾けることができないのである。

経営方針と経営戦略は一体化しているか

こう考えると、企業理念とそれを具体化する経営方針や経営戦略とが常に一体になっている事が理想である。企業活動は単なる経営者の理念だけでも、目先の経営方針だけでも、成果を上げる行動につながらない。まさに魂と仏が一体化し、それが成果に結びついていくのだ。

理念があるから方針ができ、裏付けのある方針で筋の通った行動が生まれてくる。最近の大手企業の不祥事は経営理念と経営方針と現場での日常行動に整合性が取れていない事から起こっている。立派な理念もその神髄を本当に理解させていないから単なる口先ばかりのきれい事になり、経営方針も魂の抜けた単なる仏像となる。そこからは将来につながる成果の上がる具体的な行動は生まれてこない。

経営方針は経営理念の裏付けを持ち、社員がそれぞれの職責でやらねばならない事、やってはならないことの基準を明確に示す必要がある。忘れてはならない行動原則と言ってもいい。このような考え方からすれば、経営理念や経営方針は多少の経営環境に変化があっても、簡単に変化するものではなく、またやたらと変えてはならないものといってもよい。

これらの考え方に沿って、その目標を達成するために、各部門での具体的な問題に対する取り組み方が経営計画につながっていく。

5

痛みを恐れず「改革」を敢行しているか

――改革とは、より成果の上がる仕組みに変えること。やり方を180度変える。改革に伴うリスク、抵抗勢力、失敗など懸念材料はクリアしなければならない。改革なくして成長なし。もちろん、その責任もきっちり取らなければならない――。

会社を強くする視点　→「改革」

改善は現状を徐々に変えていく考え方である。一定の価値観ができ上がっている企業では継続的に改善活動を行なうことで環境変化に対応できるが、それでは間に合わない企業は改革でなければ変わらない。伝統ある大手企業でも組織の抵抗に遭いながらも経営陣は勇気ある改革を断行している。決断力と実行力が必要。頓挫するようでは社長の信念や資質が問われる。

抵抗勢力は振り切れ

「会社がなぜ変われないか」という表題の本がベストセラーになったことがある。

確かに企業はそう簡単には変わらない。しかも表面上は誰も改革には反対しない。しかしその改革案を具体化させていこうとすると必ず抵抗勢力が現れる。総論賛成各論反対というお決まりの抵抗である。なぜそのような抵抗が表れるのかというと、結局は既存の権益保持と自己保身なのだ。

たとえばトップの方針によって人事制度を変えようとする。プロジェクトが編成され、検討が進められる。年功序列を廃止し、成果主義を基盤とした評価制度と給与の基本体系をプロジェクトメンバー全員の合意の下に進めていく。ところが、最終段階の詰めに入っていよいよ具体的なシミュレーションに入っていくと、難色を示す者が現れる。

改　革

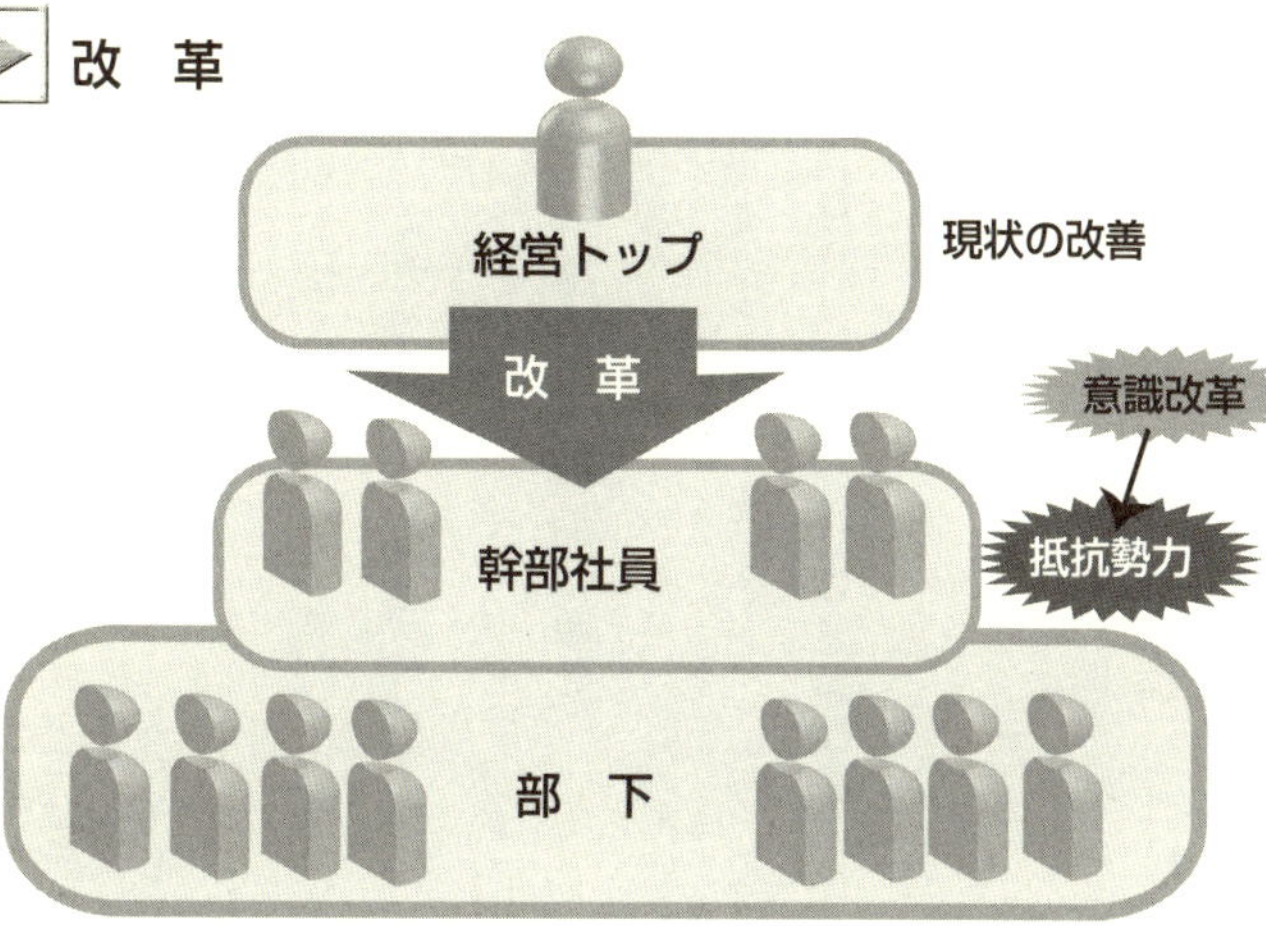

評価結果による格差が大きすぎる。そんなことを実行したら社員のモラールダウンにつながりかねない。もっと段階的に軟着陸させるべきだと制度導入の先送りを主張したりする。それが、制度改革の推進を強く唱えていた人事担当者だったりする。改革が必要だとは思っていたが、それが具体的になってくると、担当者として社員を説得するのに自信が無くなる。また余計な仕事を背負いたくないという自己防御が見え見えになる。

改革とはどこかに必ず痛みが伴うものだ。それを乗り越えてこそ新たな展開が開けるのに、その痛みから逃げようとする。これではいつになっても会社は変わらない。

今までのやり方でやっていくのが現場は楽だ。できれば余計なエネルギーを使ったり、面倒なことを考えたりしたくないというのが担当者の本音なのだ。

しかし、ここで妥協してしまっては改革はできない。改革に対する抵抗を退けることができるのは最終的には経営トップしかいない。経営者が是が非でもやり抜くという姿勢を示さなければ改革は頓挫する。経営トップといえども周りの意見に耳を傾ける姿勢は大切である。しかし、意見を聴くということと、その意見を取り入れるかどうかは別である。何かにつけ幹部の顔色をうかがうようでは何事の改革も掛け声ばかりで一向に進まない。改革に対する抵抗勢力は思い切って外すくらいの決断が求められる。

まずは幹部社員の意識改革を

また改革に取り組む場合は、一気呵成に進めないと改革の熱が冷めてしまう。制度改革などは企業規模により若干異なるが、長くて2年以内に軌道に乗せるくらいでなければならない。

改革には特に幹部社員の意識改革が伴うことが重要だ。意識改革を進める一つの方法として、意識改革をせざるを得ない状況に追い込むことだ。倍額発想という考え方がある。

たとえば売上げまたは利益を2年後に今の倍にするにはどうするかという投げ掛けである。2年後に2倍の課題は現場の幹部からすればもってのほかである。こんな時代に何を考えているのかということになる。しかし、この一見現実離れした課題が提示され、その遂行を厳命されたとき現状否定から出発する改革の考え方が出るのだ。

6

「リスク」に賭ける決断をしているか

――虎穴に入らずんば虎児を得ず。火中の栗を拾う勇気があるか。リスクには守りと攻めの両姿勢が必要。危ないから回避するのではなく、危ないからこそ賭ける価値がある。その姿勢は社員にも反映される――。

会社を強くする視点　→「リスク」

間違ってはいけないのは、リスクを取るとは、無策の行動や、成せば成るというような精神論で無謀な行動をすることではない。リスクについては、状況を見極めながらそれなりの熟慮をするが、時と場合によっては閃きでぱっと決めるべき場合もある。理想は熟慮断行であるが、直感断行も必要である。リスクを負う決断もなくリターンだけを求めるのは虫が良すぎる。経営者には時にはリスクに挑戦する愚かさも必要。

リスクに賭けるか、回避するか

ハイリスク・ハイリターンという言葉は相場の世界でよく使われる。預貯金はリスクが低いがリターンも少ない。株式はリスクも大きいが大きなリターンも可能だ。その場合のリスクとは「危険」というよりは「不確実性」を指す。資産運用では元本割れして損をすることもリスクであるが、予測以上の収益が上がることもリスクである。

ビジネスにおけるリスクは、相場の世界におけるリスクと異なり、仕事にチャレンジするときの判断材料といった方が分かりやすいだろう。成功確率が50％ならリスクを覚悟でやってみるとか、成功確率は30％だがリスクを冒してもチャレンジする価値があるというように。

普通の人なら成功の確率が低ければ危ないと思うが、低いから競合企業はまだ手を出さな

リスクとリスクマネジメント

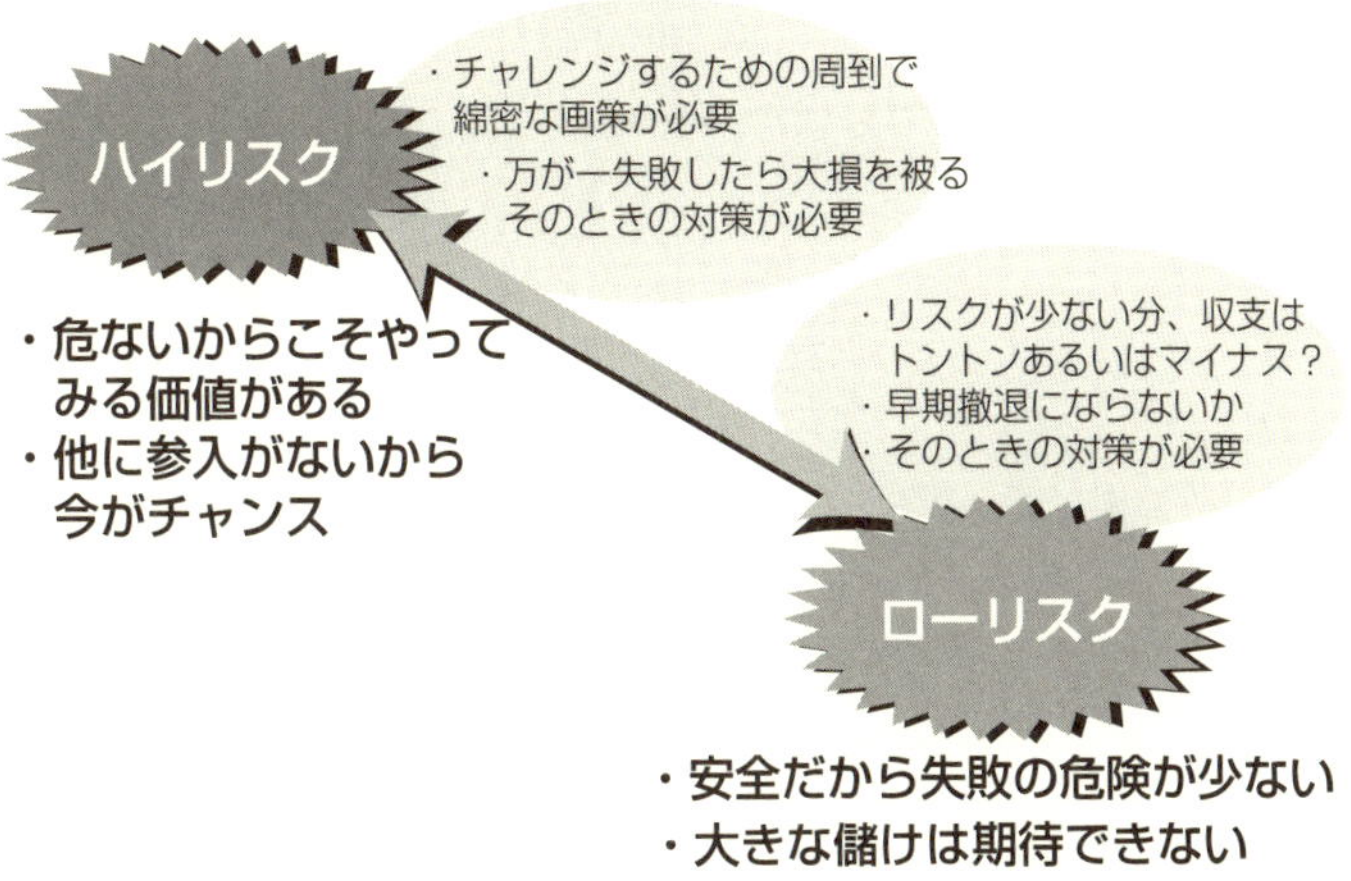
ハイリスク
・チャレンジするための周到で綿密な画策が必要
・万が一失敗したら大損を被るそのときの対策が必要
・危ないからこそやってみる価値がある
・他に参入がないから今がチャンス
ローリスク
・リスクが少ない分、収支はトントンあるいはマイナス？
・早期撤退にならないか
・そのときの対策が必要
・安全だから失敗の危険が少ない
・大きな儲けは期待できない

い。だからこそやる価値がある。

多くの成功企業は成長の過程で、経営者が必ずどこかで転機になる決断をしている。経営のリスクに賭ける決断は、一か八かの博打ではない。リスクに賭ける前に用意周到な準備と密かな自信がある。しかし、それでも必ずしも成功するとは限らない。失敗を繰り返しながらも成功にたどり着くのは、リスクに賭ける使命感というものを経営トップが感じているからだ。

ユダヤの格言に「満場一致の議決は無効である」という意味の言葉がある。周りの者が皆賛成という案件は、待てよと見直す必要があるというのだ。みんなが賛成する案件なら、もう並の陳腐な案件と考えられる。ほんの数人が賛成し大多数の人が反対するような案件は、新規性や革新性がある場合が多いのだ。

取締役会で半数以上が賛成する案は取り上げないという経営者がいる。ほとんどの者が反対する案を更に検討させ、リスクを掛けて取り組む。周囲からは天《あま》の邪鬼《じゃく》かと思われるが、これが企業の緊張感と革新性を生む。

リスクマネジメントを行なっているか

企業競争は競合関係の中で行なわれる。

No.2主義でそこそこの業績を上げている企業もある。先進他企業のやっていることをしばらく静観し、リスクがないと見ると乗り出す。自らはリスクを冒さないやり方だ。最終的には経営者の思想による選択になるが、リスクを賭ける社風がないと、いい緊張感と活気が生まれない。

リスクマネジメントという経営手法がある。起こりうるリスクを前もって網羅し、致命的になる可能性のある案件には対策を打つ方法である。リスクのない経営環境はない。すべてのリスクに対応することは不可能であるが、いざというときのための日頃の準備は欠かせない。

このようにリスクに対しては、攻めのリスク対策と守りのリスク対策がある。管理職層は攻めと守りのリスクのバランス感覚を持つことが大切だ。しかし、若手幹部層や幹部候補生には自ら火中の栗を拾う勇気を奨励し、それを前向きに認める社内環境の整備が必要である。

7

常に的確な「判断・決断」を下しているか

——どうしたいか考え抜き、こうすると選別し、決める事。

状況によっては朝令暮改もある。ものごとの本質を見極める力、迅速で的確な指示が求められる。ただしそこに至るまでは、トップにしか分からない苦渋がある——。

会社を強くする視点 →「判断・決断」

経営トップの最も重要な職務は「決める事」だ。何をどうするのか最終決定をする。決めるには、社内外から様々な情報を集め、幹部や部下から意見を求め、必要なら内外のスタッフの知恵を借りたりする。しかし、最終的には自分が決めなければならない。

ただし、経営トップといえども時には誤った判断をすることもある。そういうときはいち早く方向転換を図る勇気が必要だ。

経営を左右する判断力・決断力

経営は判断と決断の連続といっても過言ではない。判断はいろいろな選択肢から残すものと捨てるものを選ぶことであり、そして最終的にこうすると決心するのが決断である。判断というプロセスがあって決断につながっていくと考えていいだろう。

管理職の人事考課要素の「判断力」と「決断力」の定義と着眼点を整理すると次のようになる。

・**判断力**

【定義】 職責を独力で遂行するに際して、仕事の目標を効果的に遂行するために、関係する情報を収集・分析し、過去の経験に照らし現状を的確に把握し、その方向にどう行動すべきかを意思決定する能力。企画力、折衝力、指導力という具体化能力のベースとなる能力である。

判断・決断

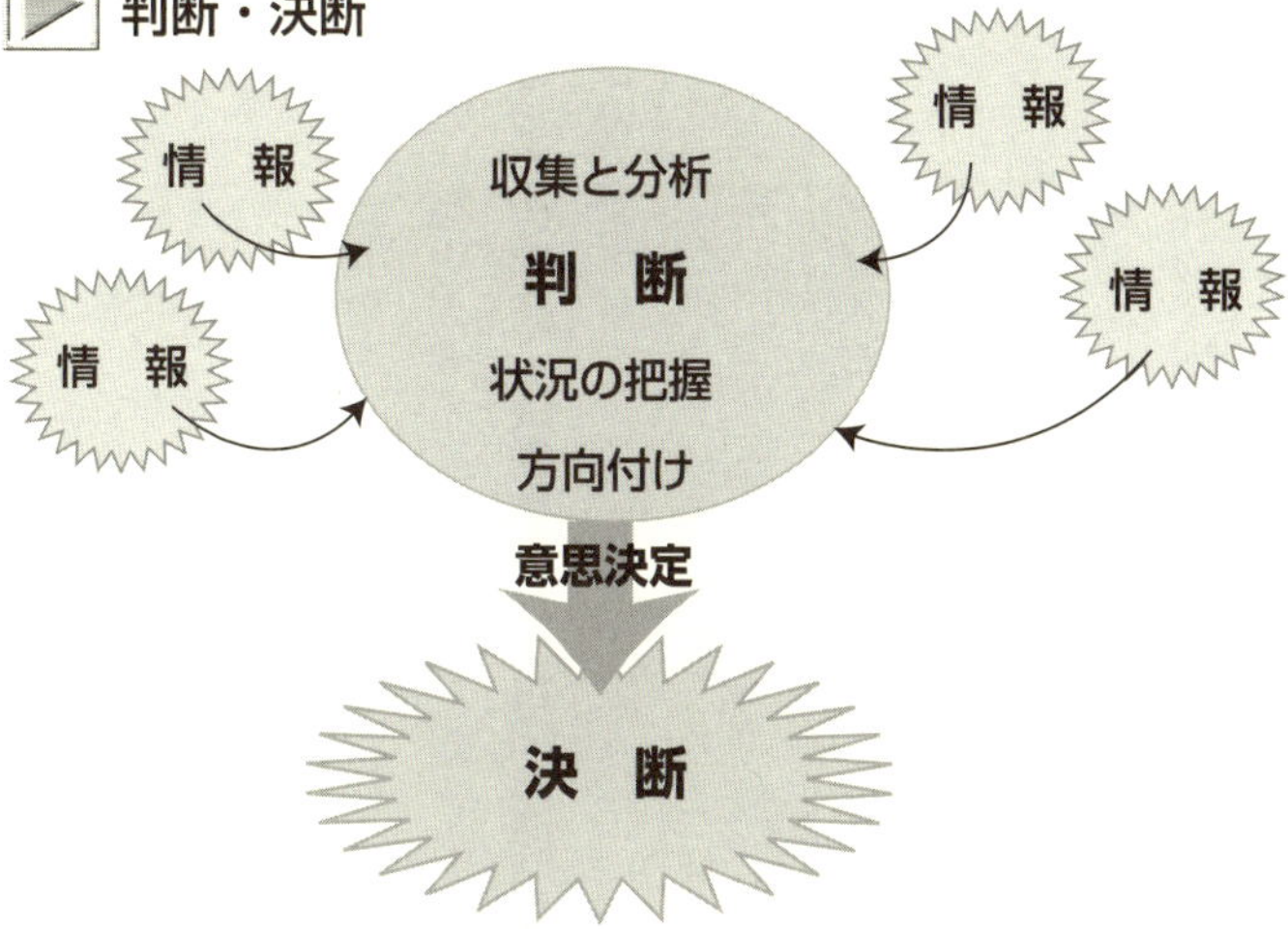

【着眼点】

・会社方針や上司の指示内容を的確に把握し、仕事の処理に際して方針・指示に則した方向付けをすることができるか。

・仕事の処理に際しては、問題や苦情の状況や本質を的確に把握・分析し、状況に応じて優先順位をつけて適切な措置をとることができるか。

・担当職務や懸案事項・特命事項の遂行に当たっては、周囲の状況を勘案し、筋道と効率を尊重して妥当な結論を導き出すことができるか。

・決断力

【定義】　不確定な状況の中でも、進むべき方向をきちんと定めて、それを表現する力。

【着眼点】

・不確定な状況下でも自分の考え方を明確に打ち出しているか。
・迅速に判断を下しているか。
・慎重すぎて判断に遅れることはないか。
・時によってはリスクを負う決意ができるか。

このように判断力と決断力は密接な関係にある。社内での格付が高くなればなるほど高度な判断力と決断力が要求される。特に経営者の判断力・決断力は経営の盛衰を左右する。

何のための判断・決断なのか、目的を間違えないこと

優れた経営者層やビジネスパーソンは、判断力・決断力が抜きん出ていると言われる。目の前にある様々な障害や課題に間髪入れずに判断し、決断して見事に処理していると思われがちである。

しかし実際は判断し、決断するには塗炭の苦しみの中でぎりぎりの判断や決断をしている場合も少なくない。周りから優れた経営者と目されている人に、案外本質的には優柔不断な性格の持ち主が多い。ズバリと判断し決断したように見えても、実はああでもない、こうでもないと悩んだ末の結論であったりする。

経営の最終的な判断や決断には、顧客にとっても企業にとっても得であるのはどれかという選択眼を持つことだ。

8

「競合・ライバル」といかに闘うかを考えているか

――学ぶべき相手、時には打倒すべき競争相手。競合がいるから緊張感が生まれる。やる気が出る。成長する。競合との闘いは自分との闘いでもある。それには「闘い方」がある。勝っても負けてもさらに闘い続けなければならない。常に勝つことを考えよ。いかに勝つかだ――。

会社を強くする視点　→「競合・ライバル」

競争相手がいるから、その業界で成長できる。切磋琢磨こそが成長の原動力と言っていい。最近では競争相手は必ずしも同業他社とは限らなくなった。異業種との戦いも視野に入れておく必要がある。学ぶべき経営のポイントは同業より異業種にある場合が多い。

競合相手はまず徹底的に分析せよ

ビジネスは競争関係との闘いである。どんなに優れた先行技術や斬新性のある商法でも、魅力的なものであればあるほど、他社の新規参入は避けられない。競合は新規参入をされる方もする方も、闘いながら常に追い抜き追い越す対策を考えていかなければならない。

そこで競合対策を考えるとき、基本は「敵を知り己を知る」という基本的な対応である。正しい現状認識である。つまり、自社の商品やサービスは競合相手とどこがどう違うのかである。

その現状認識の手法のひとつとして、マーケティング戦略や企業戦略立案では、「SWOT分析」が行なわれる。自社の強み(Strength)、弱み(Weakness)、機会(Opportunity)、脅威(Threat)の4つの視点から評価する手法である。

この4つの視点を「外部環境分析」と「内部要因分析」に分ける。外部環境分析はビジネスチャンスや競合などによる脅威等であり、経営環境や技術革新、法的基準などの「マクロ要因」と、

敵を知り己を知る分析

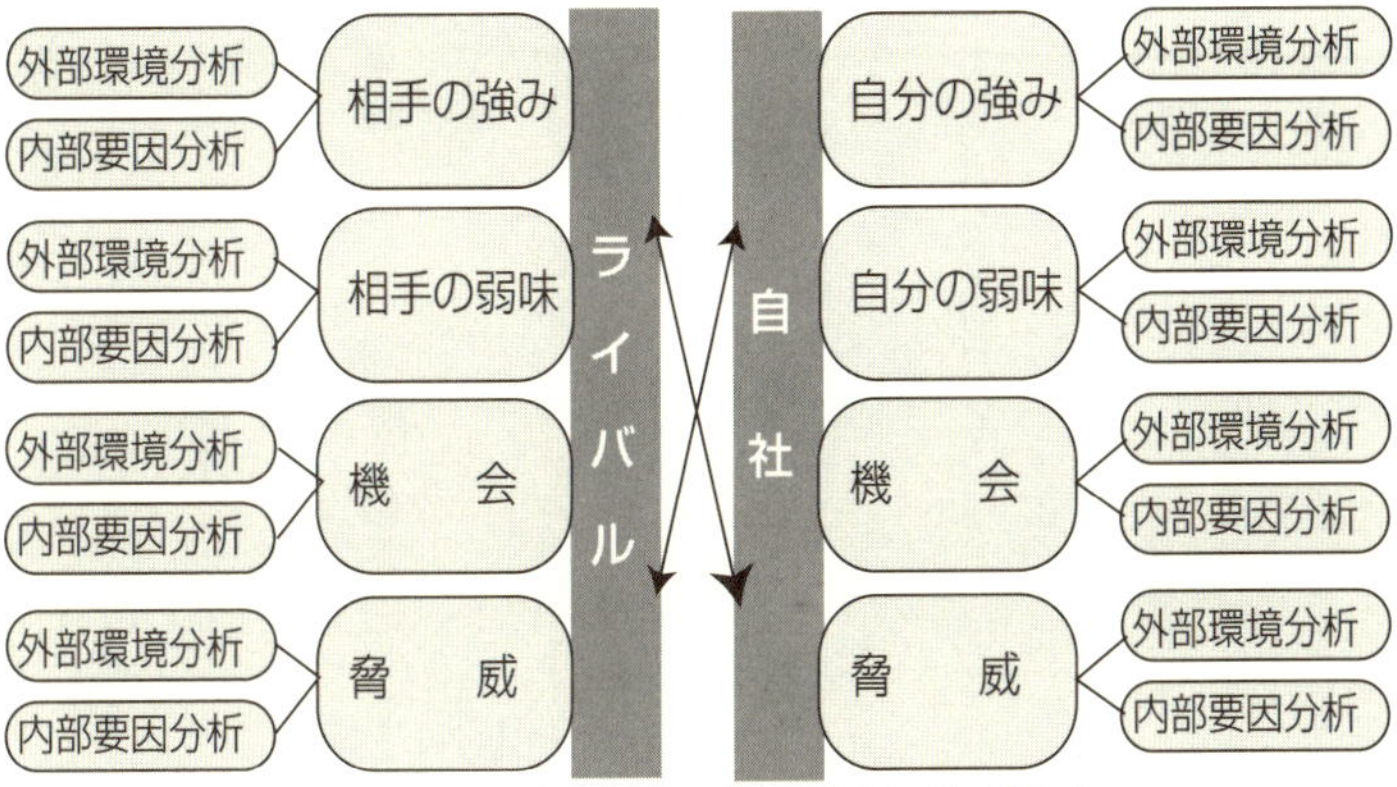

自社の強みをライバルの弱味にぶつけよ！

自社の顧客や競合他社との関係や予測されるビジネスチャンス等の「ミクロ要因」に分けて分析する。内部要因分析はコアコンピタンス（企業の強み）や組織体制などで、その企業が持っている経営資源（ひと、もの、かね、管理、情報など）の強み・弱みを分析していく。

これらを組み合わせて強みを生かした積極攻勢や差別化戦略の推進を図る。反対に弱みのある部分は段階的な施策を打っていく手段を考えたり、時には競合を避け撤退する必要もある。

競合対策の原則は、自社の強みを相手の弱みにぶつけていくことだ。一見、完全と思える競合先でも、よく分析してみると必ず闘える部分があるものだ。

競合に勝つ闘い方

戦闘状況における闘い方を説いたあのランチェスター法則の結論は以下に集約できる。①勝負は、敵と味方の力関係で決まる。②戦闘力は兵力数と兵器性能で変わる。③強者は、弱者に較べ常に有利な地位を占める。④強者と弱者の戦略は、根本的に異なる。⑤一点集中攻撃が最も成果を上げる。⑥敵との差別化が、勝敗を決める。⑦実戦では、局地戦と確率戦とを使い分ける必要がある。

競合はお互いに競い合うわけであるから、その状態を上手に活用すると、市場の開拓、新技術の開発等にお互いに切磋琢磨が行なわれ、前向きな企業改革に活用できる。

かつてサントリーがビール業界に乗り出したのも、洋酒で潤い安逸ムードに陥りがちな社風を引き締めるための方策であったといわれている。競合先との戦いで社内にいい緊張感を作り出すことが、新たな成長に結びついていく。独占禁止法も一企業があまりにも強すぎる影響力をセーブする法的規制力を持っている。

競合関係は面倒な関係でも煩わしい存在でもない。フェアに戦いながら、お互いに学び合う姿勢が欠かせない。最近では異業種からの参入が増えている。今までの業界になかった発想と戦略が新鮮なのだ。企業が低迷するのは過去の成功体験に執着している場合が多い。競合先にこそ新たな脱皮のヒントが隠されている。

9

「売上高」の拡大を目指しているか

――経営で問われる第一段階の成果は「売上高」である。本来の経営活動での売上はどうか、そして、そこから生み出される収益はどうかを厳しく見ないと次第に会社は衰退していく。売上高は拡大させていかなければ会社は存続できなくなることを教えるべき。横ばいではダメだ――。

会社を強くする視点　→「売上高」

一定期間に有形無形の商品を売って得た金額(売上高)こそが会社の礎を作る。いくら収益が出ても、それが本業で得たものでなければ会社の基盤は脆弱なままである。バブル期に本業を忘れて投機に走り、多くの企業が回復不可能なダメージを受けた事実を社長は絶対に忘れてはならない。

「売上高」こそが本当の経営活動の成果だ

損益計算書上で利益は3つある。「営業利益」「営業外利益」「特別利益」である。営業外利益は受取金利・配当などの収益であり、特別利益は固定資産売却益等である。通常の経営では売上高が最も重視される。

経営が順調なときには、売上高が上がれば自然とそれに連動して収益も上がった。

しかし、経営環境が厳しくなってくると、見かけの売上高よりその中身である収益が重視されるようになる。むやみに売上高を追いかけることは、在庫や売掛金の増大につながり、資金繰りに悪影響を及ぼすので、経営にとってマイナスであるのも事実である。

それでは経営にとって売上高は二の次かというと、必ずしもそうとは言えない。売上高はその企業のビジネスにおける周りに対する影響力を表わす。年商10億円企業と50億円企業では顧

売上高の増加といっても……

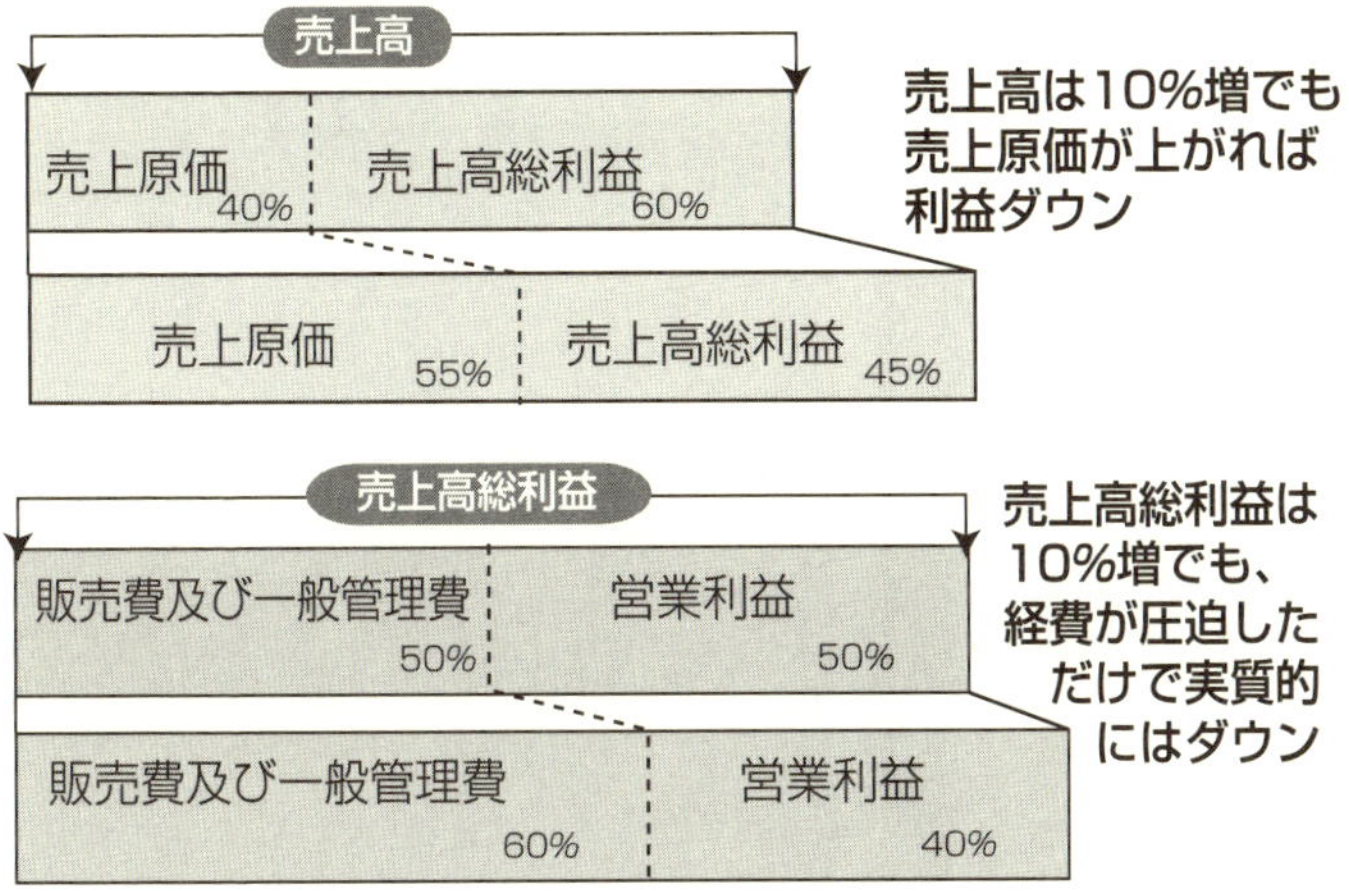

客及び取引先における影響力が違う。売上規模によって仕入や原材料購買の売上原価への影響力が大きく違ってくる。売上規模が拡大すれば、収益増大に結びつくチャンスも格段に大きくなってくることは間違いないのである。

本業での売上高と収益が連動してこそ会社は発展する

しかし、売上規模が大きくなればなるほど、経営管理体制がきちんと整っていないと経営の根幹が揺らぐことになる。売上規模の増大は必然的に社員数の増大につながる。そうなれば人件費のコストプッシュや、面倒な人事労務管理上の問題も増える。

さらに重要なのは、在庫等の増大や不良在庫で資金が寝てしまい、資金繰りを圧迫していないかどうかだ。また売上高の増大は、売掛金の増大ばかりではなく不良債権の増大も伴ってくる。商品やサービスを売り上げても、その分を現金で回収できなくなったり、遅れたりする。その結果、入金と支払いに逆サイトが起き、支払いに窮することになる。

特に注意しなければならないのは、手形の取り扱いである。売上高が増えてくると、必然的に手形取引が増えてくる。受取手形は何ヶ月先に現金が入るという紙切れで、約束通り期日に現金化されるかどうかの保証はない。反対に支払手形を振り出したなら、その期日の手形を落とせなかったら倒産につながってしまう。

売上高の増大を目指すことは、企業経営にとって欠かせない経営発展の基礎であり、経営者にとって経営意欲向上の原点である。そのために、売上高を健全に増大させるために経営理念を持ち、経営戦略を立案し、経営組織を動かし、目的に邁進する。

もちろん、規模の拡大だけが経営の目的ではない。その中身が大切だという考え方は重要である。しかし、着実に売上高を伸ばそうという意欲を経営者が失ったとき、その企業の活力は停滞する。企業競争において、その業界の適正規模を見極めながら、できるところまで売上高増大に取り組んでみる価値がある。その挑戦の中で経営のあり方、経営手法を実践で体験し、経営者の経営能力や管理者の管理能力が向上するのだ。

そのような意味から、売上高は経営活力の一つのバロメーターであると言ってもいい。

10 コストの質と「生産性」を重視しているか

――正社員一人当たりが稼ぐ粗利益がわかり、経営要素の有効利用の度合いが把握できる極めて重要な経営数字である。社長は労働生産性をチェックしながら適正な人員を投入しなければならない。このバランスが崩れると経営内容は悪化する。この危機感は全ての社員にも必要――。

会社を強くする視点 →「生産性」

売上目標を掲げて、その数字にどれだけ達成できたかできなかったかだけにとらわれていては経営の質は向上しない。生産の担い手である社員それぞれがどれだけ成果を上げているか、またどれだけの目標を目指させればよいかを数字で管理することが必要である。このことは、経営要素の「ひと」の適正人数の把握だけでなく、社員の質の向上にも繋がる。

コストに見合う利益が出ているか

生産性という言葉の定義は、「産出量」に対する「投入量」の比率である。しかしこれではよく分からない。

経営における生産性とは、経営成果を上げるために使った経営要素(ひと・もの・かね・管理・情報等)に対して、どれだけの成果が得られたかということを図る指標であると考えると分かりやすい。つまり、どれだけの経営要素を使ってどれだけの成果(価値)を生み出したかである。

経営は最終的には、かけたコストに見合う利益が得られたかが問われる。そのコストの中で最も重要なのは「ひと」である。人員一人当たりに対してどれだけの成果が期待できるか。これが生産性の中でも最も重要な「労働生産性」である。

生産性と人件費

$$\text{労働生産性} = \frac{\text{獲得付加価値（粗利益）}}{\text{正社員 ＋ 正社員換算パート・アルバイト人員}}$$

$$\text{適正人員} = \frac{\text{月間平均（年間）付加価値実績}}{\text{社員一人あたり月間（年間）目標生産性}}$$

労働生産性の指標の基本は、獲得付加価値（粗利益）を社員数で除した金額である。パートタイマーやアルバイトのような短時間勤務者はコスト換算して正社員数に換算する。社員一人当たりいくらの付加価値を稼いでいるかということが大切なのだ。この指標をつかんでいると、適正人件費や理論適正人員をつかむことができる。

▼月間、正社員一人当たり100万円の付加価値を生み出せ

業種業態によってあるべき労働生産性指標は変化するが、おおよその目安として、月間社員一人当たりの稼ぐべき付加価値は100万円を目途にすべきだ。年間にすれば1200万円である。これ位はないと、法定福利費などを含めた社員一人当たりの平均人件費を500万円～600万円支払いかつ健全経営ができない。社員数の中には社

長はもちろん、給与を払っている者全員を含めて計算することを忘れないことだ。

月間100万円、年間1200万円という労働生産性指標を物差しに持っていれば、自社の理論適正人員は簡単にはじき出すことができる。年間の獲得実績または予測付加価値金額を1200万円で割ってみれば、本来あるべき正社員数が分かる。

ちなみに年間1億2000万円の付加価値を稼ぐ部門では10人が適正人員ということになる。

この理論指数と現実との格差を見比べ、余剰人員がある場合は、各人が水準の付加価値を稼ぐようにするのか、人員を削減するのかを判断しなければならない。

注意しなければならないのは、労働生産性は単なる社員の頭数だけの問題ではないことだ。その質が問われる。質が上がれば生産性は向上する。意欲、知識、技能の熟練度合い、マネジメント能力、上司・同僚・部下とのコミュニケーション等の総合的な質と考えればよい。

例えば、社員の業務処理能力・やる気・マネジメント能力をそれぞれ10%アップさせたと仮定すれば、その相乗効果で全体の生産性は30%以上アップする。

これからの経営はやはり少数精鋭が求められる。多数精鋭が理想なのだが現実はそうはいかない。できるだけ社員数は絞り込み、それぞれの立場で社員一人ひとりの生産性をどこまで高められるかだ。

11

「利益」には執念を燃やしているか

——合法的な手段によって獲得した儲けが利益である。売上高はもちろん、利益を重視する経営をしなければ企業は衰退していく。企業が継続して存続するための元手は確実に稼ぎ出さなければならない。儲ける経営、儲ける営業手法、儲ける商品、稼ぐ営業マン、それぞれ常に執念を持って追求すべき——。

会社を強くする視点 →「利益」

損益計算書を見ると、利益は次の6種類がある。「売上総利益（粗利益）」「営業利益」「経常利益」「税引前当期利益」「当期利益」「当期未処分利益」である。この6つの数字を厳しくチェックしていくことで、利益の出る経営政策が行なわれているかが分かる。もし利益が出ていないのなら、根本的な改善策を講じなければ赤字が拡大していく。3期連続して赤字なら、まず会社は立ち直れないことを肝に銘じて欲しい。

「儲けること」が企業の大前提だ

企業における利益とは、あくまで合法的な手段によって生み出した儲けである。世間から後ろ指を指されたり、違法な手段で手に入れたものは詐取金であり本当の利益ではない。

「売上総利益（粗利益）」は売上高から売上原価を差し引いた金額で、日常かかる固定費を賄い、最終利益を生み出す源泉である。これを正社員換算数で除した金額が労働生産性である。

「営業利益」は売上総利益から経費を差し引いた金額で、本業での営業活動の成果が分かる。

「経常利益」は一年間の営業活動の成果の結果であり、経営者の手腕が評価される。

この経常利益に特別利益と特別損出を加減した金額が「税引前当期利益」である。一年間ですべての営業活動で生み出された最終利益で、この金額が課税の対象となる。

利益を上げる ＝ 儲けるとは

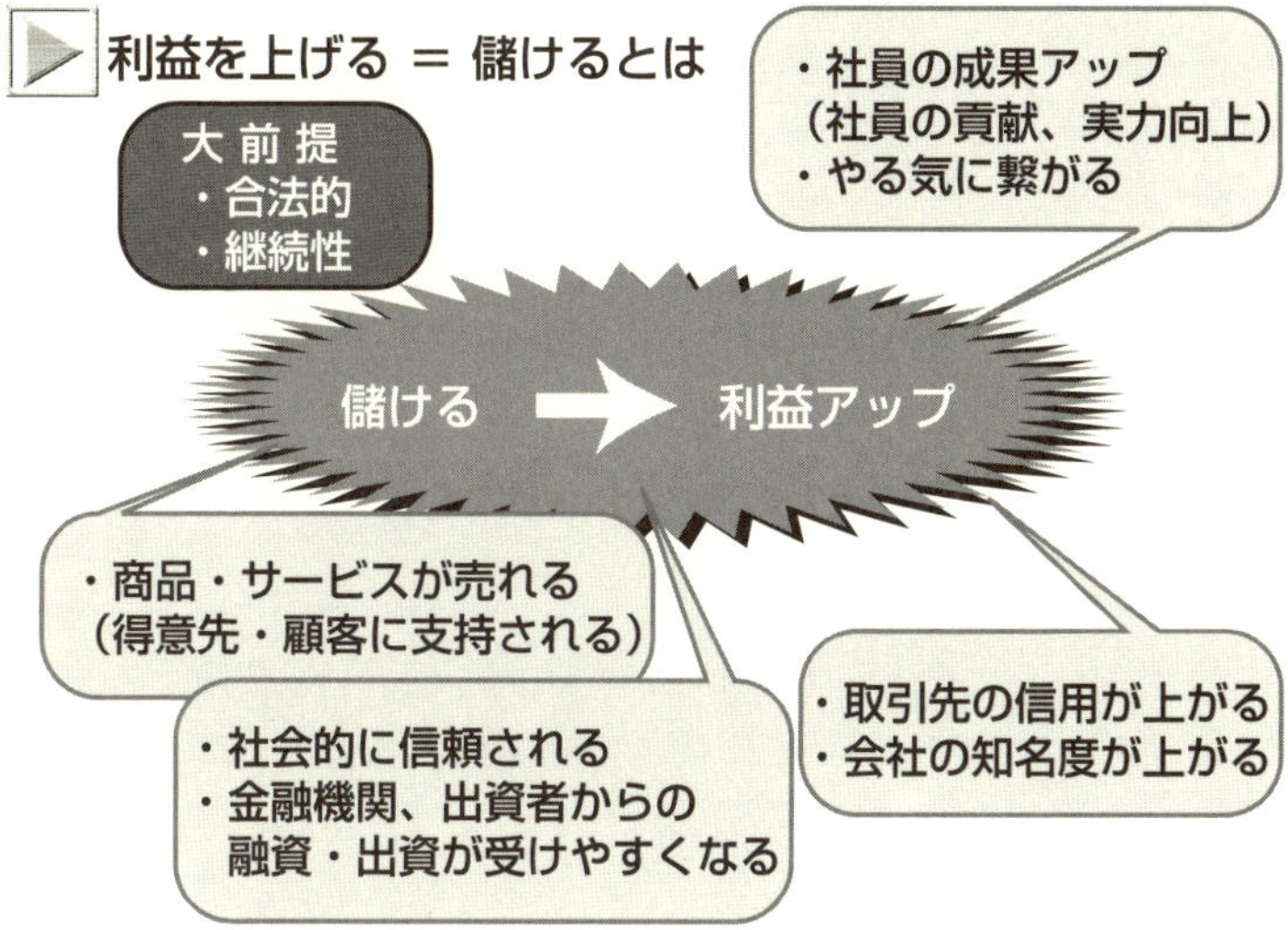

大前提
・合法的
・継続性
・社員の成果アップ
（社員の貢献、実力向上）
・やる気に繋がる
儲ける
利益アップ
・商品・サービスが売れる
（得意先・顧客に支持される）
・社会的に信頼される
・金融機関、出資者からの
融資・出資が受けやすくなる
・取引先の信用が上がる
・会社の知名度が上がる

ここから法人税等の充当金を差し引いた金額が「当期利益」である。一年間の経営努力の結果が示される。この金額に前期の繰越利益を加えた金額が「当期未処分利益」となる。ここから配当金や役員賞与という社外流出金と自己資本を増やし、経営体質の強化につながる内部留保金（準備金・積立金・次期繰越金）を出す。

企業は利益なくして存続はできない。利益はその企業の儲けである。企業は儲けなければならない。しかし、儲けという言葉を口に出すことをはばかる傾向がある。儲けという言葉の裏に何かやましい感じを抱くのだろうか。

「儲からない」のは罪悪である！

自信のある経営陣は、堂々と株主総会や経

営計画の発表段階で明確に数字を示し、「○○億円儲ける」と公言する。自らのビジョンやミッションを株主や社員に明示する。経営陣としての覚悟の程を明らかにするから、社員もその気になる。

昔から言われているように、漢字の「儲」という字は信者と書く。顧客の信者、取引先の信者、そして社員の信者である。その企業が提供する商品やサービスのファン（信者）がいる。そのファンが買ってくれるから利益が出る。取引先が原材料や商品を納品してくれ、銀行が融資してくれるから経営が継続できる。そして利益創出のために働いてくれる社員がいるからこそ企業の成長がある。

勝ち組企業はこの儲けに対する執念が強い。職位が上がれば上がるほど業績責任は重くなり、利益感覚が磨かれなければ職責は果たせない。「儲けることはいいことだ」という信念が必要になる。また儲けることはなぜいいことなのかということを、理論的に部下に説明できなければならない。

儲かることとは、その企業が提供している商品やサービスが世間に受け入れられている証拠であり、支持されている証なのだ。逆に儲からないのは、自社が提供している商品やサービスが世間に支持されていないのだと、謙虚に反省することが経営改革のきっかけとなる。社会的な存在としての企業が、儲からないことがいかに罪悪であるかの認識が必要だ。

12

社長は二つの「評価」を意識しているか

――「評価」は二つに分けられる。一つは、社員が会社の期待に添えたかを見定める評価。もう一つは、会社が世間から得られる評価である。社長は、評価する立場であり、評価される立場でもある。「内」と「外」の双方から「評価」を考えるのが社長の務めである――。

会社を強くする視点　→「評価」

成果・実績・業績・パフォーマンス等を正しく自ら認識すると同時に評価者から評価される。それが部門の評価、及び個人の処遇に関連してくる。上場企業なら企業の評価は株価に直結する。社長が社員を評価する場合は、成果とプロセスの2つの方向から判断する必要がある。外からの評価は業績と社会貢献度で決まる。この点を意識して経営にあたる必要がある。

何をもって「評価」するのか

ビジネス社会では好むと好まざるにかかわらず、評価の連続である。入社試験から始まって、人事考課、人事異動、選抜などのフォーマルな評価から、職場の人間関係のようなインフォーマル評価まである。

企業が行なう社員の評価基準は、おもに成績（成果）・能力・態度である。評価基準は通常「考課要素」と呼ばれる。

成績（成果）の基本考課要素は、人事考課期間内に会社から求められた成果に対する評価である。業績達成度・仕事の量・仕事の質・マネジメントレベル等の項目である。

能力の基本考課要素は、知識・技能、理解力、判断力、企画・立案力、折衝・調整力、表現力、指導・育成力などの項目である。

社員のおもな評価基準

成果の考課要素
業績達成度、仕事の量・質、マネジメントレベル、etc.

能力の考課要素
知識・技能、判断力、企画・立案力、折衝力、表現力、etc.

態度の考課要素
積極性、責任性、協調性、規律性、etc.

プラス

企業思想、経営者の考え、時代背景、etc.

態度の基本考課要素は、積極性、責任性、協調性、規律性等が伝統的な評価基準である。

社員の評価基準に絶対基準はない。時代背景、企業思想、経営陣の考え方により、どの評価項目に重きを置くかによって変化する。したがって、社長は「こういう仕事ができる人を私は評価する」と社員に広言すればいい。それが経営風土をつくる源になる。

社員の評価について、上司が部下を評価するという事から、正しい評価はあるのかと疑問視される。人間が人間を評価できるのかという議論にまで発展することがある。この考え方の間違いは、企業における上司の評価は、上司という人間が部下という人間を評価するのではなく、上司が企業に代わって部下を評価しているという考え方を誤解している点にある。その評価基準は、その企業思想に根ざしているということを理解しなければならない。

社会的に評価される存在価値があるか

大手企業の経営陣は企業業績結果を株主総会で評価され、その進退まで問われる。企業活動そのものが社会的存在としての意義があったか評価されるのだ。

企業活動そのものの社会的評価は、客観的評価基準が確立されている。経営結果を表す財務諸表の分析によって評価される。表面上の売上高や利益だけではなく、その経営内容を財務的見地から評価しようとする考え方だ。

社員も会社も第三者からより高く評価される存在であることが求められる。評価レベルの高さは社会での存在価値の証なのだ。

13

「公平・公正」に評価しているか

――「公平・公正」とは、正しい評価基準によって的確に評価し、その認定結果に基づき、きちんと格差をつけることである。そのためにはまず、評価基準や評価方法を明確にする。平等と公平は必ずしも一致しない――。

会社を強くする視点　→「公平・公正な評価」

「みんな一緒」というのは本当は不公平である。ご都合主義は不公正である。経営トップがこの考え方を徹底しないと、不公平・不公正が職場に蔓延する。社員のモチベーションを下げる最大要因だ。公平・公正に社員を評価できてこそ社長なのである。

甘い評価をして社員にチヤホヤしていないか

社員数が少ない場合は社員一人ひとりの顔が見える。だからあえて人事考課などを行なわなくても社員の基本能力や、仕事ぶりは公平・公正に判断できる。こう思っている経営者や管理者が案外多い。しかし、人というのは感情に支配されやすく、物事を判断するのに自分の持っている価値判断や思い込みに左右されやすい。

部下に甘く寛大な評価が上司としての思いやりと勘違いしている人もいる。反対に自分のレベルに自信がある人は、そのレベルに達しない人には必要以上に厳しい評価を下したりしがちだ。

ビジネス社会は本来仕事のための集団なのだから、仕事の結果のみで客観的に評価すれば良さそうだが、実際はそのようには行なわれていない。企業の存続や成長を維持していくためには、そこに働く社員の成長が伴わなければならないからだ。仕事ぶりを評価すると同時に、そ

公平・公正な評価をするために

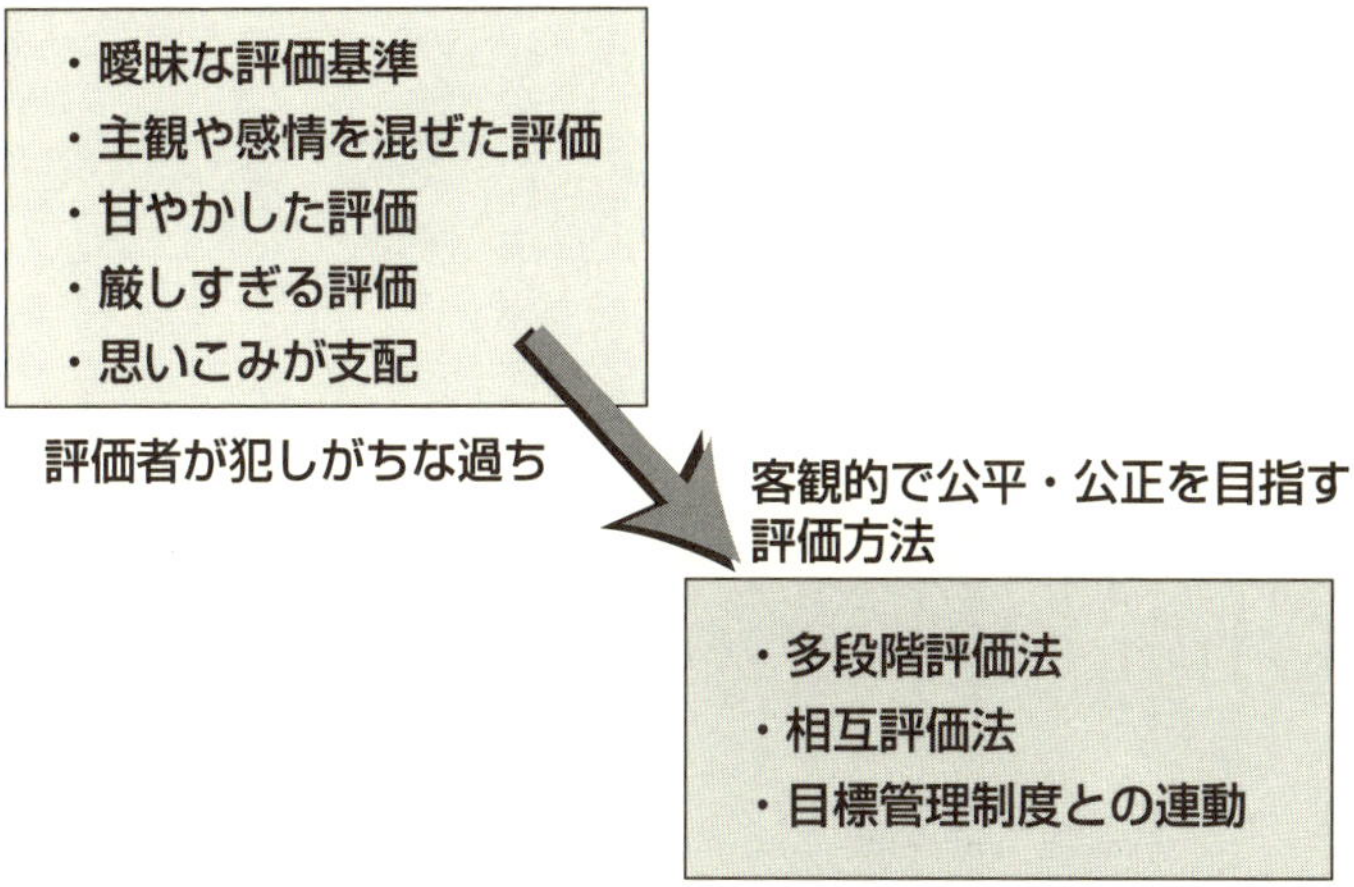
・曖昧な評価基準
・主観や感情を混ぜた評価
・甘やかした評価
・厳しすぎる評価
・思いこみが支配
評価者が犯しがちな過ち
客観的で公平・公正を目指す評価方法
・多段階評価法
・相互評価法
・目標管理制度との連動

の人材の適材適所に心掛け、能力開発や意欲付けも欠かせない。

経営者は頭の中では漠然と社員の評価基準を持っているものだ。しかし、それを社員に見える形で示さないと、自分でも気が付かないうちに、その時の主観や感情で評価の基準が揺れ動いてしまう。その評価の基準をはっきり示し、その評価方法を示したものが人事考課制度である。人事考課制度の運用で重要なのは公平・公正な評価態度である。評価者の好き嫌いや曖昧な評価基準で評価するのではない。

公平・公正な評価とは？

しかし、考課者は自分の価値観や思い込みからなかなか逃れられない。これを心理誤差という。中心化傾向、ハロー効果（後光効果)、寛大化傾向、論理的誤差、時間差による誤差の原則等である。

このような心理誤差をできるだけ少なくするには、評価者に対する考課のやり方の工夫と教育訓練の繰り返し、評価における公平・公正とは何かを身に付けさせることだ。その基本は、決められた基準を守る努力をすることと、その評価結果はたとえ心情的思いはあっても素直に受け入れる姿勢である。

多くの企業で試みられている公平・公正をできるだけ維持しようとする評価方法の工夫は、①多段階評価法(評価者を複数おいて、評価の客観性を高めようとする方法)と、②相互評価法(考課要素の評価結果を考課者と被考課者が相互に評価し、その結果を相互の確認の下で調整しようとする方法)である。

しかし、どんな方法を採用しても、なかなか考課者と被考課者が本当に納得できる評価方法というのは難しいのが実態である。そこで最近は、目標管理制度と連動し、評価要素をできるだけ定量化(数値目標)し、評価段階で見解の相違が少ない評価にしようとする傾向が強まっている。

公平・公正の基本は、社員にはチャンスは平等に与え、結果はきちんと評価することにある。公平は公正につながり、公正に対処すると結果は公平になる。

14

「情報」を徹底して活かしているか

――「情報」と一口に言っても、会社での立場によって意味合いが異なる。社長にとっての情報とは意思決定の判断基準となる。情報を収集、分析、活用する「情報感覚」が経営には必要――。

会社を強くする視点　→「情報」

知っているだけでは単なる物知りに過ぎない。それを分析し活用してこそ意味がある。活用するとは、必要に迫られたとき、できるだけ有利な結果を招くような自分の意思決定の判断基準に使われたときである。

情報のプロセスは、「収集」「分析」「活用」「提供」の4段階の流れがある。特に最後の提供の重要性を認識すべきである。

活用し役立ててこそ「情報」

情報という言葉が氾濫しているが、企業の経営者や管理職にとって必要な情報とは、単にマスメディアや一般に飛び交っているものではない。実際の職務遂行に役立つ情報なのだ。

ビジネスにおける情報は、4つのステップで成り立っている。収集・分析・活用・提供という流れであるが、先ずは集めることから始まる。これが収集である。最近はデータベースの充実によって、その気になれば基本情報はいくらでも手に入る。しかし、集めているだけでは単なる物知りの段階だ。集めたものを分析し、自分の仕事に役立て活用したとき、文字通りそれは「情報」となる。知りたいことが自分の意思決定や行動のきっかけになった時、単なる資料や材料はその人にとって「情報」というものに昇華される。

情報の4段階

「収　集」	1	必要な情報は集める
「分　析」	2	集めたモノは分析する
「活　用」	3	仕事に役立てる
「提　供」	4	活用できる人には提供する

明日ゴルフに行くかどうかを迷っている人にとって、そのゴルフ場の天気予報は情報である。しかし、釣りに行こうと思っている人にとってはゴルフ場の天気予報など情報でも何でもない。二股の分岐点に立ったとき、それぞれの道の状況に関することを収集・分析し、一方の道に行くことを決定したとき、その決定要因が情報になる。

社長としての「情報感覚」を磨け

できるだけ間違いのない意思決定をするには、一般情報を集め、分析し、活用する「情報感覚」が必要となる。この感覚がないと、時代の波を無視した経営をしていても、何の疑問も抱かないようになる。そうしているうちに業績は右肩下がりになり、もはや挽回不可能な事態となる。

忘れてはならないのは、自分にとっては意思決定に関わる情報レベルではなくても、それを他に教えてやったら活用できる人がいる場合、進んで提供する。これも情報の一連の流れにおける重要な行動だ。他に情報を発信している人ほど、その見返りに情報が集まる。

私は情報を3段階のレベルに分けている。A情報、B情報、C情報である。意思決定の判断基準になる情報は、その質と量から分類して活用しなければならない。

A情報は、その気になれば誰でも手に入れることができるもので、新聞、雑誌、TV、インターネット等で一般に広く公表されている情報である。これらに関心がないと、一般的な情報でさえ見落としてしまう。

B情報は、専門誌の記事や専門家の論文・話などで、特定のグループや一定の限られた者にしか手に入らないレベルのものである。

C情報は、専門機関の特殊な調査などから得られる情報や、自ら手間と経費をかけて調査収集したもので、通常はシークレット情報といわれる。

ビジネスでできるだけ有利な意思決定をし、行動するには、このように3つの情報を使い分ける必要がある。これからのビジネス社会では、この情報感覚のレベルによって成果に大きな格差が出るだろう。そのためには情報に投資をする考え方を持つ必要がある。卑近な例では新聞を丁寧に読む、必要な本を買う、有料セミナーや研究会に出かける等の行動である。

15

「差別化」を図った経営戦略を立てているか

——「これが我社の売りである！」と胸を張って社内外に公言できるもの（事）が「差別化」の意味するところである。企業が成長し生き残るためには、独創性や優位性が必要。しかし、独りよがりの差別化に酔ってしまうと必ず撃沈される——。

会社を強くする視点 →「差別化」

いい事は手っ取り早く見習い、真似をする事も成長するための一つの方法である。しかし人真似ばかりでは特徴が出ないし、知恵が磨かれない。

他人が真似したくなる「売り」を作り上げていく努力と工夫が将来への道筋を開く。

オンリーワンが必要と言われるが、それが評価されるためには、その分野でナンバーワンであることを目指すのも重要である。

常に一歩先に進むことで「差別化」できる

他社との差別化を図らなければ、これからのビジネス競争には勝ち抜いていけない。

確かにそのとおりなのだが、差別化とは具体的にどの様にすべきなのかとなると、かなり難しい課題となる。他社との差別化に心掛け、見事に成長した企業にホンダとソニーがある。その成長の歴史は差別化という観点からも学ぶべき点は大きい。

小さな町工場から世界的な大企業に育て上げた本田宗一郎と井深大の両氏の技術者魂は、その独創性にあった。二人の共通点は、周囲から「できっこない」と言われると、「それならやってみようじゃないか」と、その気になるところにあった。こうしてホンダは、できっこないといわれた高速回転エンジンを作り上げ、その後の画期的なＣＶＣＣエンジンの開発につなげていっ

差別化とは

業界のナンバーワンか
・商品やサービスが他企業より優位に立っていること
・社会的に認められること
個性的・独創的な
オンリーワンか

た。ソニーが初めてテレビに取り組んだとき、世界中がやっていたシャドウマスク方式をやらず、クロマトロン方式に挑戦し、世界をあっといわせ、いち早くトランジスターを使ったラジオを作り、企業基盤を築いたのである。

しかし、初めは他社と差別化できた技術もすぐに他社でも同じようなことをやり出す。人真似が上手だということは決して悪いことではなく、新しい技術を目指して各社が競争しあった方がよりいいものができ上がっていく。競争原理の良い面が働くのだ。人真似されるということはそれだけ独創性が高かった証拠ともいえる。

ホンダもソニーも、人の真似をしているよりも日本で初めて、世界で初めてと、人より常に一歩先に進もうとする経営者の考え方が先進企業として成長させていったのである。

独りよがりのオンリーワンでは「差別化」にならない

差別化を考える場合に注意しなければならない点がある。あまりにも差別化の考え方が強くなると、自分だけの世界に入り込んでしまう。オンリーワンはその個性と独創性から見れば賞賛すべきものであっても、世間から認知されないことにはビジネスにはならない。独りよがりの差別化ではだめだということだ。

理想や夢は大切だが、それが実現でき、社会に受け入れられる商品やサービスの提供でなければならない。自分だけが気取っているオンリーワンになっていないか注意しなければならない。

そのような意味からも、差別化はその業界でナンバーワンを目指すことによりそのレベルが社会に認められる。企業が提供する製品・商品やサービスが、他企業より優位に立っているかどうかだ。その優位性は、量的なもの、質的なものの両面から見る必要がある。

最近の企業評価は、量的な大きさより、その内容である質的な面に目を向ける傾向にある。顧客のターゲットを絞り、企業側から顧客を選択する。そしてその分野ではダントツのシェアを取るやり方である。デフレの中で、低価格戦略で成功する業種業態が盛んになった反面、中高年層の富裕層に焦点を当て、しっかりと基盤を固めている企業の成長も目立っている。企業の生きる場所探しが重要になっている。

2章

幹部社員に理解させる定義

幹部社員に理解させる定義（解説）

社長の言葉にまず敏感に反応してもらいたいのは、なんといっても幹部社員である。組織の2：6：2の原則通り、上層部の2割がその気になってくれれば組織は動く。その上層部とは本来幹部社員でなければならない。

社内で日常的に使われている言葉に、今一度注意を払って欲しい。社長の思うように幹部社員が動くには、社内で使われている言葉が「共有化」されなければならない。言葉の共有化とは、考え方や価値観のレベルを合わせるということである。考え方や価値観がずれていては、社長の思うように組織が動くわけがない。

本章で掲げた20の定義は、社長を支える管理職が社内幹部として文字通り組織を引っ張っていくために、絶対に理解していなければならない言葉ばかりである。この定義を理解させることが社長と幹部社員とのコミュニケーションのスピードを速め、部下達を統率していく欠かせない武器となる。

幹部社員の意識レベルを上げれば、一般社員も変わる。会社は見違えるように強くなる。

1

「組織」と集団との違いを理解しているか

――会社の目的を最も有効に達成するために仕組まれた経営要素の集合体。一人ではできない事を集団で達成しようとする有機的な集まり。五つの経営要素を上手く使うことで組織力は高まり、会社は成長する――。

会社を強くする視点　→「組織」

企業組織における目的は会社の定義からも解るように、継続性と合法性を条件とし、しかるべき収益を最も有効に上げることである。最も有効にとは、経済原則である、早く、安く、効率的にである。

企業組織の経営要素とは「ひと」「もの」「かね」「管理」「情報」で、これらをいかに上手く集め、使いこなすかが、経営者および経営幹部の責務である。

組織力がさらに組織を強くする

「中堅・中小企業は経営者自身が陣頭に立って組織を引っ張るものだ」

もっともらしく聞こえるこんな言葉も、経営の基本をないがしろにしていては成果は上がらない。もちろん、中堅・中小企業では経営者の果たす役割は大きい。しかし、企業規模が社員20人を超えだすと、社長一人の力ではどうしようもない場合が多くなってくる。

経営トップといえども万能ではない。まずはそのことに気付くことで、組織という考え方や仕組みづくりの認識が生まれてくる。

アメリカの鉄鋼王と言われたアンドリュー・カーネギー（1835～1919）をご存知であろう。彼の墓碑銘には「ここに、自分より賢い人々を周囲に集める術を知っていた一人の人間が横たわ

会社を強くする組織力

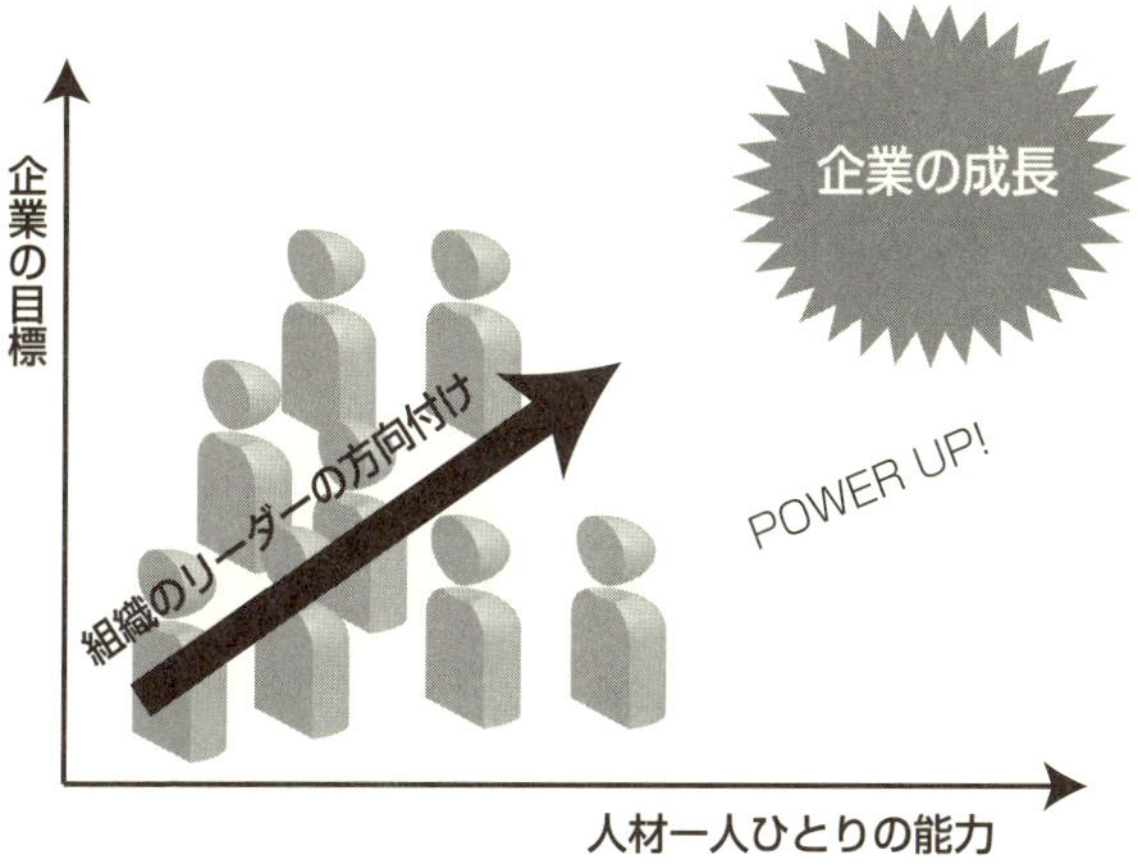

る」と記されているそうだ。社長が一人でできることは知れている。だから、いかに組織力によって人材の能力を引き出すことができるかが企業成長の分かれ目になると、彼は悟った。

一人ひとりの社員が持っているビジネス能力も、組織の相乗効果によって驚くほどの力を発揮する。数字の1から10までを足しても55にしかならないが、1から10までを乗じるとなんと3,628,800になる。たとえ凡人の集まりでも、組織のリーダーの方向付けや意識付けによって、かけ算効果を表す事は可能なのだ。

強い組織は目的が明確である。単に人が集まっているだけではその集団は群衆に過ぎないが、ある目的に結集されたとき初めて組織としての動きを始める。先に述べた二つの条件の下に会社の目的であるしかるべき収益をきちんと上げる。この目的のために企業組織は活動する。

この企業目的に向かって、それぞれの置かれた立場や職責に従い、それぞれの持った能力を補完し合いながら、次々に現れる障害を乗り越え、組織目標を達成するのが企業組織活動なのだ。その過程で、組織活動と組織人一人ひとりの自己実現と充実感が得られれば、更にハイレベルな組織として成長することができる。

▼組織は企業競争に勝つための仕組みである

しかし、その組織活動には「最も効率的に」という経済原則が働かなくてはならない事を確認しておこう。「早く」「安く」「効率的に」という条件である。これがなければ競合相手に勝てない。ここに企業競争の厳しさと創意工夫が要求される。

組織は競争に勝つための仕組みでもある。その証拠に、企業組織の原型は軍隊組織からきているという事実がある。ライン・スタッフ等という言葉は本来軍事用語である。戦略・戦術という言葉も同じである。

また、組織は「ひと」だけでなく、「もの（商品・製品・サービス等）」、「かね（資金）」、「管理」、「情報」という経営要素を上手に組み合わせてこそ正常に機能する。経営者はこれらの経営要素に対する認識を深め、それらを使いこなせる人材をどれだけ集め動かせるかが問われる。

2

「管理職」とはどのような存在かを認識しているか

――担当部門の損益責任を負う職責を持つ者。自ら及び部下を通じて目的を達成する責務を負う。

上位管理職になるほど、全社業績に対する視野と経営陣の補佐役としての役割が要求されていることを自覚すべき――。

会社を強くする視点　→「管理職」

次項で述べる監督職が現場監督的存在であるのに対して、その現場を束ねる部門経営者としての存在が管理職である。一般の企業では部課長レベルで、管理職または幹部と呼ばれる。経営者の判断ミスは管理職の補佐責任ミスとして、連帯して責任を負わなければならない。

部下を動かし自らも動く

管理職が監督職と決定的に異なる点は、部門経営者として担当部門の損益に責任を持つか否かである。監督職でも企業によっては損益の責任を持たせているところもあるが、多くは監督者個人の損益の責任であり、まとまった部門としての責任を問われるのは通常管理職になってからである。

単なる部員あるいはチームリーダーなら、現場の目の前の仕事をチーム単位できちんとやっていればよいが、複数のチームを束ねなければならなくなるのが管理職である。ただ、最近では部課長の職名がついていても部下なしの管理職も珍しくなくなってきたし、その重要性も変わりつつある。

管理職として担当部門の損益について責任を負うということは、部門経営者としての責務が問われるということである。今や管理職は、成果主義の流れの中で担当部門の成果をどのよう

管理職の職務

部門経営者として求められる責務

- 担当部門の損益の責任
- 担当部門のマネジメント
- 部下を通じて目的を達成させる
- 自らも成果を上げる
- 全社業績に関心を持つ
- 全社的な視野に立って担当部門を見る

経営トップの補佐

- 経営者の連帯責任を負う
- 経営者に情報提供

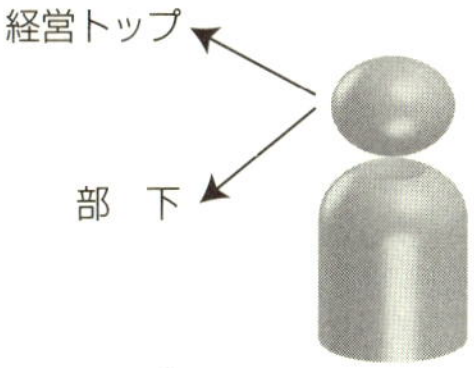

に上げたかで評価される。もちろん成果に至るプロセスも大事だが、結果が問われることは避けられない。更に成果を上げるために、かつては管理職とは部下を通じて目的を達成する者として位置付けられていた。しかし最近は、自らも成果を達成するための行動が求められる。

すなわち管理職とは、自ら動きなおかつ部下を動かして目的を達成しなければならない存在であるのだ。

このような時代要求から、管理職はマネジメント能力と同時に、自らも部下より勝ったプレーができることが求められている。

少し前までは、部下の数が多い管理職は、少ない管理職より上位の管理職として位置付けられるのが普通であった。しかし、最近ではこの考え方は改められ、部下が多いということは非能率な部門ではないかとさえ思われる。部下なしの管理職で自分の人件費以上を稼いでいる管理職の方が評価される時代なのだ。

全社的な視野に立ち経営トップ陣の補佐をする

部門経営者として部門の損益に責任が問われる管理職には更に、二つの重要な責務がある。

その一つは、部門経営者としての責務を担いながら全社業績に対する関心と視野を広げていくことだ。上位の管理職になればなるほど、全社的な視野に立って自部門を見る姿勢が要求される。自分の部門さえよければいいというのでは済まない。評価ウエイトでいえば、部長クラスになったならば、評価点数を100とすれば全社業績50、部門業績50くらいの比率で評価されるべきである。

もう一つは、的確に経営トップ陣を補佐できる能力を持つことである。経営トップ陣といえどもスーパーマンではない。常に迷い、逡巡しながら経営決断をしている。その経営決断をするための情報は、管理職からの情報に基づく場合が多い。会議や打ち合わせで得られる管理職からの情報を元に、自分の意思決定をする。そのため管理職からの情報が間違っていれば、経営トップ陣が経営判断を誤る確率は高くなる。

管理職は、経営トップ陣に判断を誤らせてはならない責務がある。つまり、経営陣の判断ミスは管理職の補佐責任ミスであるということも心得ておかなければならない。

3

「監督職」は管理職とどう異なるのか理解しているか

――上司の指示を受け、部下を監督し、目の前にある仕事を遅滞なく処理する責務を負う者。中堅社員。限りなく管理職に近く、また限りなく一般社員に近い存在。この時期に知識や技能、監督としての責任や使命を叩き込む――。

会社を強くする視点 →「監督職」

現場での利益の創出は監督職が握っている。軍隊組織で言えば軍曹の立場である。司令官がどんなに優れた指示命令を出しても、監督職がそれを正確に理解し、下に的確に指示命令し、その実行レベルが確認されないと成果が上がらない。本当の鬼軍曹とは上司からの指示命令を状況から的確に判断し、現場にやり遂げさせる力を持った監督職を言う。

日常業務に最も精通している鬼軍曹であれ！

監督というと何か偉そうに聞こえるが、監督職は現場監督だ。管理職と一般社員の間に立って両方の調整を果たす役割を担っている。時には管理職の補佐として会社側の立場に立って部下を指示し、時には社員の立場で自ら現場の第一線にも立たなければならない立場の者だ。

プロ野球やプロサッカーなどのスポーツの世界では、監督といえばグランドでは指揮官として権威を振るっているが、経営側のフロントから見れば、一部の大物監督を除いては一監督職に過ぎない。だから成績不振が続くと、すぐに首が飛ばされる。

企業でも管理職と一般社員の中間に位置付けられた中途半端なポストに見えるが、強い組織はこの監督職がしっかりしている。現場でいえば係長・主任クラスである。工場では職長、班長等と呼ばれるクラスである。

監督職の職務

- 上司（管理職）の補佐
- 担当現場のマネジメント
- 上からの支持命令を下に的確に伝える
- 現場のプロフェッショナルとしての知識と技能を身につける
- 管理職と一般社員との間の調整役
- 担当現場における責任

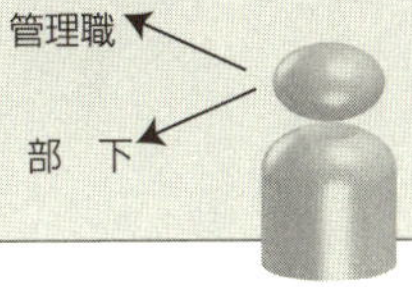

特に現業系統では、この監督職が日常業務内容に精通し、実質的に現場を動かしているのがほとんどである。営業や管理系の事務職では、最近は成果主義の流れで状況は変わってきてはいるが、概ね年功的な序列の中で管理職になる前提として監督職が位置付けられていて、日常の業務に関しては管理職より精通しているのが普通である。

部門の指揮官である管理職が少々力不足であっても、監督職がしっかりしていれば現場は回っていく。強い軍隊組織は将校よりも現場の長である軍曹が優秀だといわれるのは企業も同じである。

組織を強くする強い監督職を育てるには

それだけに、この監督職の強化が強い組織づくりには欠かせない。そこで、強い監督職をつくるための重要ポイントを整理しておきたい。

特に若手の監督職に教えなければならないことは、「利益感覚」である。儲けの構造をよく理解させ、係数感覚を身に付けさせることにより、儲けこそビジネスの使命と叩き込む事だ。たとえ間接部門や管理部門であっても、利益感覚やコスト意識を徹底させることを忘れてはならない。

次に重要なのは、現場のプロフェッショナルとしての知識と技能をこの段階で身に付けさせることだ。プロフェッショナルとは、求められる知識や技能が並ではなく、他の追随を許さないあるいは他との代替を許さないレベルであることだ。「鉄は熱いうちに打て」のたとえ通り、ビジネスの世界でも鍛えるには時期がある。これが監督職時代なのだ。この時期をはずし、いい加減に過ごしていくと、成り行きのセミプロ管理職で終わってしまう。

さらに必要なのは、自分の職務に関する責任感と使命感の徹底である。一度与えられた仕事に対しては、その結果が出るまできちんと締めくくる姿勢が必要だ。監督職はともすると、上司から指示されたこと、言われたことをこなせばいいという姿勢になりがちだ。指示されたこと、言われたことをやりこなすのは最低限度の仕事だ。それ以上に仕事をどこまでできるかが問われるということを教えなければならない。

4 もし、組織に「管理」がなかったらどうなるか

――組織を進むべき方向からできるだけずれないようにコントロールする仕組みである。組織を守るためには窮屈だが必要不可欠。特にトラブルを未然に防いだり、大事に至らないようにする手だてを講じておくのは、社長の責任である――。

会社を強くする視点 →「管理」

管理とは組織を縛るが、拘束手段ではない。組織を目標に向かって進ませる、無くてはならない経営システムである。この構築がきちんとされてないと、ザルで水をすくうような経営活動になってしまう。しかも何らかの事故が生じたとき、真っ先に問われるのが管理体制である。

▼目標に向かわせるためのコントロール機能

経営者の中には、管理と言うと不快感を露わに示す人がいる。「管理、管理で飯が食えるか」と言うのだ。こういう考え方をする人の話をよく聞いてみると、管理とは人の行動を監視し、何かに付け規制する悪しき仕組みであるという既成概念を持っている場合が多い。役所に代表される官僚主義的要素は排除すべきだと言うのだ。

企業規模や業種業態によって管理の考え方も変わってくるが、企業のマネジメント体質に管理のための管理がはびこり、スタッフ部門が威張っているような企業では、管理というもののあり方を考え直す必要があるが、本当に管理は不必要だろうか。

「我社は社員一人ひとりの自主性を重んじて仕事をさせています。自主管理が基本です」という会社がある。クリエイティブな職務内容が中心で、何時間働いたかというより与えられたテーマの完成度や成果が問われる。しかし、このような企業でも決して管理がないわけではな

管理

↓

・目標を達成させるためのコントロール機能
・経営計画を推進していくためのコントロール機能

★管理職が行なわなければならない７つの重要管理

・計画管理	・業務改善管理
・業務遂行管理	・情報管理
・顧客管理	・人事労務管理
・部門間調整管理	

い。少なくとも社員という形で就業している限りは、フレックスタイム制度や裁量労働制を採用していたとしても、社員の勤務状況や仕事の進行状況を含めた工程管理、必要に応じた会議や打ち合わせでの情報連絡管理は必ず行なっているはずだ。

外部契約や請負など、結果のみで成り立つ割り切った関係でない限り、何らかの管理からは逃れられないのが普通である。

管理を監視したり拘束したりすることだと決めつけず、決められた目標に向かって仕事をするためになくてはならない「方向修正機能」と理解すると理解し易いであろう。

組織は目標に向かって進んでいるはずだが、適度なコントロールがないといつの間にか自然と目標からずれていく。航路の自動制御装置のようなものがあって、黙っていても自動操縦をしてくれればいいが、日々変化する経営ではそんなことは不可能である。

そこで管理職は、それぞれの立場で部下達の行動が目標からずれていないかどうかを常にチェックする必要がある。そして、ずれている部下には軌道修正して正常な方向に戻す指導が欠かせない。

事故を未然に防ぐためにも体制を整えておこう

最近は企業内の不祥事が増えている。決められたことが決められたように成されておらず、気が付いたときには犯罪行為に抵触していたり、社会規範に反し、厳しい指弾を受けてしまう。そして、そのことが企業の存亡につながることも希ではない。

このような状況になってから、当事者を責めても手遅れである。そうなる前に、予測される不祥事が起きないような管理体制を整えておくことだ。必要な管理は、組織や社員を的確に目標に目を向けさせる事ができると同時に、企業の陥りがちな欠陥を未然に防いだり、万一のことに対しても迅速な対応を可能にする。

不必要な過剰管理はする必要がないが、経営理念を具体化し、経営計画を推進していくのに必要な管理体制は経営にとって欠かせない。

5

「権限」とは何かを徹底させているか

――会社の基本方針に則り、自分の考え方や意思で行動する事のできる範囲。権限がないという理由で行動を制御している社員には指導が必要。また、やる気があり、できる社員には積極的に権限委譲できる仕組みがこれからは必要――。

会社を強くする視点 →「権限」

会社が期待する役割を果たすために行動できる範囲。職務権限規定などを整備している企業もあるが、実際はそんなものを忠実に守っていては仕事にならない。状況に応じ、その時々で対応が違ってくる。企業のために誰もやってない仕事を進んでやり、成果を上げればその人の権限になるという風土を作ってみてはどうか。

権限は与えられるものではなく奪うものだ

業績が振るわない企業の管理職と話していると、私たちの権限が明確でないので思い切って仕事ができない、といったような発言がよく出る。それでは具体的にどんな権限が欲しいのかというと、交際費の使用範囲とか、部下とのコミュニケーションと称した会議費の支出権限といったような自分に都合のいい要求が多い。企業業績に直接関連する自らの判断や能力が問われるようなレベルになると、それは自分の判断するところではなく、上司のレベルだと上手に逃げる。

また企業によっては、実に細かく職務内容の起案から調整・報告・決済に至る職位別の権限責任に関する基準を決めている。しかしそんな企業に限って、決められたルールは上から破り、有名無実になっている。

権限

- 与えられた職務範囲における行動や意思の取り方
- 企業の業績向上にむけての行動や判断のレベル
- 担当部門での部門長が持つ管理のための権限
- 自ら取り組みモノにする　→　新たな権限獲得

外資系企業のように企業と社員の間には契約意識があり、個人ごとに職務範囲が定められている場合は、比較的権限の考え方は理解しやすい。しかし、伝統的に集団主義的な考え方が根強く残っている企業では、みんなで協力し合って職務を遂行する過程で、暗黙の合意で、その人に期待される役割ができ上がっている。そしてそれが権限という明確な言葉で言われなくても、その人の考え方や意思で行動できる範囲として自他共に認められるようになっている。

権限は与えられるものではなく、奪うものであるといわれることがある。しかし、それは経営トップ陣がご都合主義で言うことであり、とてもできることではないとの反論もあろう。

権限を奪うという表現は不穏当であるが、こんな考え方はできるのだ。即ち本来その仕事は自分の仕事の範疇ではないが、やれば必ず会社のためになるだけでなく、自分の技量や能力の向上にも役立つ。しかし、現状では誰もやろうとしない。そんな場合、自ら勇気を出して取り組み、ものにする。その結果、その仕事は自ら取り組んだ者の権限となる。

社員は与えられた仕事をきちんとこなせばいいのであり、余計なことをしない方がいいというのはサラリーマン根性であり、下っ端役人根性である。企業自体に自ら新たな権限獲得に動いた社員を余計なことをやらなくていいと牽制するような風土があるならば、企業の成長にとって要注意である。

積極的な権限委譲が組織を強くする

未開の荒野の開拓地は、自ら労力をかけて切り開いた者がその所有権を得る。そんな風土や仕組みがある企業が、社員の意欲や能力を高める。ある権限が与えられていてもそれを行使していないか、行使できない状態であるときには、できる者、それをやりたいと手を上げた者に積極的に与えていく。これが前向きな権限委譲である。時には権限委譲から職位（ポスト）そのものの交代もあり得るのが組織の活性化につながる。

権限は自分で広げていく事を認めると同時に、思い切って与えていく仕組みづくりが求められている。

6

「職責」の内容と範囲を把握しているか

――組織構成員が果たすべき責任や役割分担の内容とレベル。組織活動の必要性から各人に与えられ、通常、課業（タスク＝一つのまとまった仕事）単位で構成される。その人の立場や現状の能力、将来の期待を勘案し与えられる――。

会社を強くする視点　→「職責」

会社や上司からこれをやって欲しいと明示され、時には暗黙の了解の下に示された仕事の責任分担範囲。職責と役職が連動する場合が多い。

職責を明らかにしなければならない職務と、部（課）員全員の責任の仕事もある。社員の仕事の責任の捉え方は、上司の仕事の与え方によることが多い。

暗黙の内で了承されるのではなく明確に

かつて「きちんと職責を果たせ！」と上司から叱責をされた経験はないだろうか。そんな時、それはおれの仕事ではないと理不尽さや反発を感じたこともあったのではなかろうか。

上司の言う職責とは、それはおまえにやるべき責任がある仕事なのだという意味がある。職責を果たしていないということは、きつい言葉で言えば職務怠慢であると言われたのと同じことだ。職務とはずばり、やらねばならない仕事そのものである。

職責は、職務権限規定や役職規定でその内容を明記する場合もあるが、その本人の立場や期待度を加味し、暗黙の内にこれは○○課長の職責であると決められる場合もある。職責は文字通り職務責任の略である。

参考に役職別職責を明記している例を示しておく。一般的には職能資格要件といわれる基準

職責の捉え方

職責 ＝ 果たすべき仕事上の責任分担範囲

・社内におけるそれぞれの立場で果たすべき責任
・暗黙の了解のもとに決められていることが多い

「それは私の仕事ではありません」という社員がいるとしたら、職責を曖昧のままで明確にしていなかった企業（部門長）の責任および、本人の職務怠慢である

である。
【課長】　部の方針に基づき課の長として政策的事項を決定・実施・運営すると共に、部下を指導管理しながら日常業務の遂行に責任を負う。
【部長】　全社の基本方針に基づいて部下・管理職の統率をし、担当部門の目標達成推進を行なう全責任を負う。

表現は抽象的であるが、これを目標管理項目に落とし込んでいき、一定期間内にやらなければならないことをさらに具体化することにより、職責が明確になっていく。何々の責任を負うという表現が職責を考える場合の基本になる。

職責は企業目標達成のために分担され、ま

とまった仕事(課業)として把握されなければならない。ある中堅企業では社長自身の職責を以下のように明記し、自分自身の覚悟と社内の引き締めを行なっている。

【社長の責任・権限・責務】

社長は会社の最高責任者として、取締役会で定められた政策方針の範囲内で、職務の遂行に関して全般的な責任を負い、その遂行に必要な権限を持つ。社長はその経営責任事項の一部をその責任遂行に必要な権限と共に直属の部門長に委任することができる。但し、結果に対する全般的責任及び責務を委任したり、放棄することはできない。

職責は経営環境によって変化する

結局職責とは、社内におけるそれぞれの立場で果たさなければならない責任であり、その与えられた義務が責務であると解釈していいであろう。

基本的な職責は大きく変化することはないが、経営環境の変化によって、短期的な責任・責務はどんどん変化していかなければならない。一般的な企業では部長の職責と思われているレベルが、先進企業では課長、係長レベルの職責と認識されている場合もあるのだ。

7

「経営戦略」が絵に描いた餅になっていないか

――なりたい姿、なるべき姿を描き、勝つための路線を敷く。俺はこうやって勝つという設計図。経営者だけでなく、それぞれの立場で持つべき。企業競争に勝つには、常に検討と見直しが必要――。

会社を強くする視点 →「経営戦略」

多くの経営者はどうしても目先の事に目を奪われがちになる。日頃大きな事を言う割には見るべき成果を上げない。そして見果てぬ夢ばかりを追っている。

戦略型経営者は、なりたい姿、なるべき姿を明確に描き、競争に勝つためにきちんとした現実的な実行計画を持ち、その実現に地道に進もうとする。

組織として生き残り勝つための具体的な設計図を描く

明確な経営理念や経営方針を持って、いよいよ具体的な実行段階に入ろうというとき、経営に対する基本的な考え方を目に見える設計図にする必要がある。それも中長期的な視野に立った見通しを含めたものであれば、より優れた設計図となる。

厳しい経営環境と競合関係の中で、企業は生き抜いていかなければならない。どんなに高邁な理念や方針を持っていてもそれが形として具体化されなければ、正にそれは絵に描いた餅になる。そうならないためには、考え方が目に見える形に表され、成果に結びつくようにする仕掛けづくりが必要だ。

「戦略」という言葉は軍事用語である。戦争相手と戦って勝つためにはどうするかを考えることから始まった。そういう意味から、戦略とは勝つための仕組みといってもよいだろう。企業

経営戦略

戦略	・経営理念や経営方針を具体的な実行に移すための計画。 ・競争相手と戦って勝つためにはどうしたらよいかの指針。
戦術	・具体的な方策。 ・こんなやり方でいこう。
戦闘	・戦う。相手に勝つ戦いを展開する。

競争の中で競合先との戦いに勝つためにはどうすべきかを、中長期的かつ総合的な見地から練り、勝つための路線を敷くことなのだ。

あの進化論で有名なチャールス・ダーウイン(1809～1882)がこんな言葉を残している。

「生き残る種とは、最も強いものではない。また最も知的なものでもない。それは変化に最も適応してきたものだけが生き残るのだ」と。

戦略の基本方針は指揮官たる経営者の意思決定で決まる。経営陣のトップである社長の戦略責任は重い。

▼戦略思想は全ての社員に持たせよ

それでは戦略責任は社長を中心にしたトップ層だけのものかというと決してそんなことはない。経営者層の基本方針に則り、部門管理職は自部門の方向を考え部下に示し、担当者は自分の仕事のやり方を自主的に考えなければならない。そのような意味から戦略の考え方はそれぞれの立場で全社員が持たなければならないのだ。

経営における戦略は、経営の組織、マネジメントシステムの仕組み、そして組織を実際に動かす社員の意識改革まで、経営全体に及ぶものと理解しなければならない。

さらに戦略は戦術、戦闘という局面を経て具現化していく。戦術は戦略実現のための具体的な方針を立て現実的な仕掛けを作ったり、必要な武器を用意する。その仕掛けと武器を使って顧客や競合先と戦うのが戦闘である。

用意周到に組んだつもりの戦略だが、思うような成果を生まない場合がある。そのようなときに経営陣が犯しやすい行動がある。戦略が上手くいかないのはそれを実行している管理者や現場の社員のせいにすることだ。管理者や社員の能力・努力が足りないからだと決めつけてはいないだろうか。現場での成果が上がらないのは、戦略に基づいて戦術や戦闘を展開している現場の管理者や社員の力のせいでもないとは言えないが、そのことを批判する前に、経営陣が示した基本経営戦略に間違いはなかったかどうかを謙虚に見直す姿勢を忘れてはならない。

戦略が間違えば戦術・戦闘のやり方も間違ってしまうのだ。

8

組織と社員を成長させる「目標」を掲げているか

――企業全体の考え方、全社方針に基づいた部門又は個人のレベルアップにつながる必達すべきチャレンジ項目。

設定の仕方次第で、組織も社員も成長するかあるいは衰退するかが違ってくる――。

会社を強くする視点 →「目標」

本人が勝手にチャレンジ項目といって掲げても、上司がその目標を認め、上司の目標と連動していなければならない。目標には「定量目標」と「定性目標」がある。

経営方針に基づき具体的な経営計画を立てる段階で、いつも問題になるのが、目標のレベルに関する価値観の不統一だ。成果主義の流れが強まるに従い、現場段階では成果目標を低く抑えるかの思惑が働く。達成しやすい目標、やりやすい目標になっていないだろうか。

経営者は高めに社員は低めに設定したがる

具体的な経営計画を練るとき必ずと言っていいほど揉めるのが、目標に対する管理者と社員の理解の相違である。具体的な経営計画の売上高や利益目標を決めるには、経営陣によるトップダウン方式の目標に対して、各部門が不承不承で数字合わせをするやり方か、下から積み上げた目標数字を経営陣が若干上乗せをして決めるボトムアップ方式のどちらかである。

経営者は通常、目標が前年を下回ることなど認めようとはしない。できるだけ目標数値を上げようという思惑が働く。それに対して現場では、できるだけ達成し易い目標を掲げたいのが人情である。

社長は毎年目標をかさ上げしていくのだから、業績を上げれば上げるほど翌期の目標達成は

目標設定

目標設定のポイント

- 目標達成時において企業も社員も成長している内容レベル
- 経営者側と社員との価値観が統一されていること
- 経営者、管理職、社員との合意の上で設定されていること
- 経営環境の変化に対応できるように周到な対策を

苦しくなる。だからあまり頑張ると損をするというような雰囲気さえ出かねない。このような目標に対する認識の違いをできるだけ少なくするには、目標に対する考え方のレベルを合わせておかなければならない。

企業は目標に向かって進んでいるのであり、目標があるからこそ組織として機能している。

具体的には、目標は※「定量目標」と「定性目標」がある。どちらにせよ、その目標達成が企業の成長や、それにチャレンジした社員の成長につながることが必要だ。企業や社員のレベルを後退させるような目標設定などは本来あり得ない。ここで言う成長につながる目標とは数値の拡大だけではなく、内容のレベルアップであることを確認しておきたい。

※定量目標・・・数値による目標
定性目標・・・数値でない目標

理想的な目標設定のやり方とは

経営環境の変化が激しい現況では、経営陣と社員が相互に知恵を出し合って全社・部門そして個人の目標のあり方を決めていく時代である。

予測される目標と目標のギャップをどの様に埋めるかを考える。その戦略思考に立って、それぞれ置かれた立場で立てる目標設定方式が必要になっている。多くの企業で実施されている目標管理制度も、上司と部下が話し合って合意の下で目標を定めていくという方式を建前としている。しかし、話し合う両者に戦略思考が無く、本当に今必要な目標とは何かが分かっていないと単なる形式の話し合いに終わってしまう。

経営環境対応型企業では目標は3案立てている。順風が吹いた時の「晴れ目標」、何とか予定通りいきそうな時の「曇り目標」、逆風が吹いた場合の「雨目標」というようにである。このようにしておくと状況が変化したときの対応が迅速にできるというメリットがある。

人事管理面から目標の設定及びその達成度合いと評価を結びつけようとする試みがなされている。目標と評価を安易に結びつけると、社員が目先の目標にとらわれる反作用が出て好ましくないという意見もあるが、それは評価システムでカバーできる。人事考課で自分なりに高度な目標にチャレンジしようとした者が、結果としてなかなか目標を達成できず低い評価を受け、とり組み易い目標を掲げた者が得をするという現象が起きないような配慮が必要である。

9 目標を確実に実行できる「計画」を立てているか

——目標に到達するための仮説。シナリオづくり。目標を達成するための実行手順。状況の変化に対応し、しかも計画倒れにならないように、仮説と検証の繰り返しを怠ってはならない。前年度や前例にこだわる必要はない——。

会社を強くする視点 →「計画」

目標に到達するためには、ただ闇雲に目標に向かって前進すればいいというわけではない。そのために立てる計画は緻密であるべきか、大局的であるべきかは、その目標のレベルやチャレンジャーの考え方や性格によって変わってくる。

変化の激しい時代は、状況変化に柔軟に対応できる状況対応型計画が必要である。仮説・検証の繰り返しを忘れるな。

まずは経営戦略を実行するための基本計画を立てる

仕事を順調に進める手順は、PLAN（計画）・DO（実行）・CHECK（チェック）・ACTION（見直し）のサイクルである。このスタートである「PLAN（計画）」がしっかりと立案されていれば、その仕事の50％はもう進んだようなものだ。

もちろん、社員それぞれが勝手に自分の計画を立案するものではない。管理職の部門目標計画は、全社方針（トップ方針）との連鎖がなければならない。そして部下の業務推進計画は、管理職である部門長方針との整合性が求められる。

日常の経営における生産計画や販売計画にも、その立案方法には基本ルールがある。経営における計画には、まず経営方針に基づいた基本計画から始まる。企業理念の実現を目指し、業

計画

・計画の立案には、仮説・検証が必要

基本計画

・経営方針に基づき、企業が目指す方向へと導く経営計画

推進計画

・基本計画を実行するために具体的に表した計画

・計画が計画通りに推進され、成果に結びついていくように推進管理が必要
・経営環境の変化に対応できる対策が必要

界の動向を見極めながら、企業の将来方向を見定め、経営戦略をある程度明確にする。

ここから中期経営計画が立案される。最近では中期経営計画といっても、かつての3年～5年の期間からせいぜい2年～3年と短期計画に近くなっている。経営環境が不透明の中で比較的長い期間の計画を立てるのは、機敏な対応を妨げるおそれがあるからである。中期の計画が立てば、それに基づき年度の計画が立案可能になる。

基本計画が立案されれば、今度はそれを確実に実行していくための推進計画が必要になる。基本計画を実行するためのスケジューリングと具体的な打つべき手の明確化である。手順計画、工程計画、要員計画、設備計画、購買計画、日程計画等と呼ばれる業務推進計

画である。これらの計画は計画通りに進ませるために進度管理、つまり納期管理や日程管理が必要になる。日程管理は実務では6カ月から12カ月の範囲で行なう大日程、月次単位で行なう中日程、週又は旬で行なう小日程で行なわれる。これらは、早すぎても遅すぎてもいけない。ただ、計画通り実行し、期待通りの成果を上げるにはかなりのエネルギーが必要になる。

▼立案には状況対応と検証が必要

計画の立案の仕方で注意しなければならないのは、単なる積み上げ方式にしないことだ。今までがこうだったから今年はこうしようという、過去延長方式はできるだけ避けたほうがよい。過去の指標は参考にすることはいいとしても、経営環境が大きく変化しているときには、過去から断絶した発想による計画でないと、その変化に対応できないこともある。

そして、激しく変わる経営環境に的確に対応するためには、前項の「目標」でも述べたが、三案立案するといい。経営環境が順調なときの「晴れ計画」、まあまあの時の「曇り計画」、逆境の時の「雨計画」である。このような状況対応型計画を持っていると、変化に素早く対応でき、最悪の状況を避けられる確率が高まる。少なくとも雨計画のような状況になっても、慌てずに目標推進のために転換することができる。

目標の推進には、その結果が次の結果あるいは他の結果と、どの様な格差が出たのかを必ず検証しなければならない。計画という仮説とその検証の繰り返しが経営を強くする。

10 より高い「モチベーション」を提供しているか

——社員をモラールアップさせるための動機付け。社員のモチベーションを上げるために企業は何をすべきか。一つ間違えれば全くの逆効果になる。組織的側面と心理学的側面から考える必要がある——。

会社を強くする視点　→「モチベーション」

社員のやる気を出させるには、単に口先だけで叱咤激励してもだめである。その気になる刺激剤が必要だ。やったらやっただけの見返りが欲しい――。そう求めるのは自然である。能あるものには地位を与え、功ある者には禄を与えよとは古くからの格言である。

通常の給与の他に賞与の出し方の工夫が求められている。給与体系と評価制度の見直しは急務である。

企業は高いモチベーションを提供する義務がある

社員のモラールがアップし、その気になって仕事に取り組むようになるには、その動機付けが欠かせない。ただ頑張れ、努力しろと口先だけではダメだ。頑張る、努力する理由がはっきりしなければそんな気にならない。

企業は社員のモラールアップにつながる高いモチベーションを常に提供し続けなければならない義務があり、その工夫が求められる。今までも多くの企業は、より良いモチベーションを維持させるためにいろいろな工夫をしてきた。

かつては、世間並みの給与や賞与、退職金に気を遣うのはもちろん、福利厚生施設や社員の私生活まで気を遣うことが社員に対する前向きなモチベーション対策であり、それが会社に対

モチベーション

前向きなモチベーションとなるきっかけ

・目の前にある仕事に興味と関心を持たせる

・やってみて面白い、自分のためになるということに気付かせる

・その場その場で評価することでモラールアップ

・ゲーム制、報償などのインセンティブ制度も効果がある

給 料

するロイアリティ（愛社精神）につながると考えられてきた。会社の人事部の主たる活動は、労働組合の活動との調和、保養所等の厚生施設の充実や社内慰安旅行や運動会などに力が入れられた。

ところが、時代の流れと経営環境の変化が、企業の意識と働く者の意識を大きく変えた。社員は仕事以外の余計な干渉を嫌い始めた。チームワークという拘束を仕事以外で求められることを拒否し始めた。

また、経営環境の変化により、企業の余計な資産は手放さざるを得なくなり、会社所有の保養所や社宅等は廃止する方向に急速に進んだ。

なかには会社に対するロイアリティなど不必要と社員に公言する企業さえ現れた。

達成感・充実感が最高のきっかけ

このような時代背景の中で、社員に対する前向きなモチベーションとなるきっかけは何になるのだろうか。

それは、仕事に対する興味と、結果への公平公正な評価である。自分の所属する会社へのロイアリティではなく、目の前の仕事へのロイアリティが、仕事に前向きに取り組むモチベーションになるのだ。

適材適所を配慮し、仕事に対して興味を持てるように導き、やる気や自主性を尊重する。そして仕事を通して、自分自身のプライドを感じたり、自信がつくような工夫が必要だ。

それには、目標を明確に示し、段階的ステップを踏むようにし、充実感と達成感を味わわせる。成功感や達成感を知っている者は、後で困難な場面にぶつかっても、それを乗り越えようとする意欲は高く、前向きな行動を取る。以前自分はできたのだという達成動機があるからだ。

ビジネスパーソンはやはり、仕事と地位と報酬に最も関心がある。自分のやりたい仕事を社内に求める社内公募制度、階層や今までの習慣にとらわれないフリーな社内の役職名(称号)、成果が機敏に反映する給与体系や評価制度が急速に広まっている。

経営者層の重要な責務は、時代背景に反応して、今できる社員のモチベーション政策を考え、思い切って実行し、モラールアップにつなげることだ。

11

必要な「コスト」とムダな「コスト」を見極めているか

――付加価値を生み出すもと手。有形無形なものがある。使い方とそのタイミングによって、収益をもたらすか、損失となるか違ってくるので慎重に検討すべき――。

会社を強くする視点 →コスト

カネをかける、時間をかける、ヒトを使う。全てコストをかけることである。かけるべき所には掛けて、要らないところには使わない。刻々と変わる経営状況に素早く対応しないと、ムダなコストをかけることになる。かけるべき所のなかには賭けるべき所もある。

▼手を打つべき「時間コスト」を検証する

「コスト」という言葉を聞くと、すぐその後ろに「削減」という言葉が続いてしまう。コスト＝削減というイメージが強い。あの日産を見事にリバイバルさせたカルロス・ゴーン氏も、来日当初はコストカッターという異名が強く印象に残った。

しかし、コストとは本来、企業の収益を出す為の元になるものであるから、コストの削減もあるが、コストをかけるという意味も考えなければならない。無から有は生じない。経営活動にかけるコストと、それに見合う成果のバランスを考えるのがコスト感覚である。

コストとして一般的なものは、仕入れ原価、原材料費、外注費等のように売上に対する原価として計上されるものの他に、経費として計上される人件費、営業経費、金利などの営業外費用、特別損失も広い意味でのコストである。

仕入れや原材料費が少ないサービス業等での最大のコストは、「時間」であることを知ってお

コスト

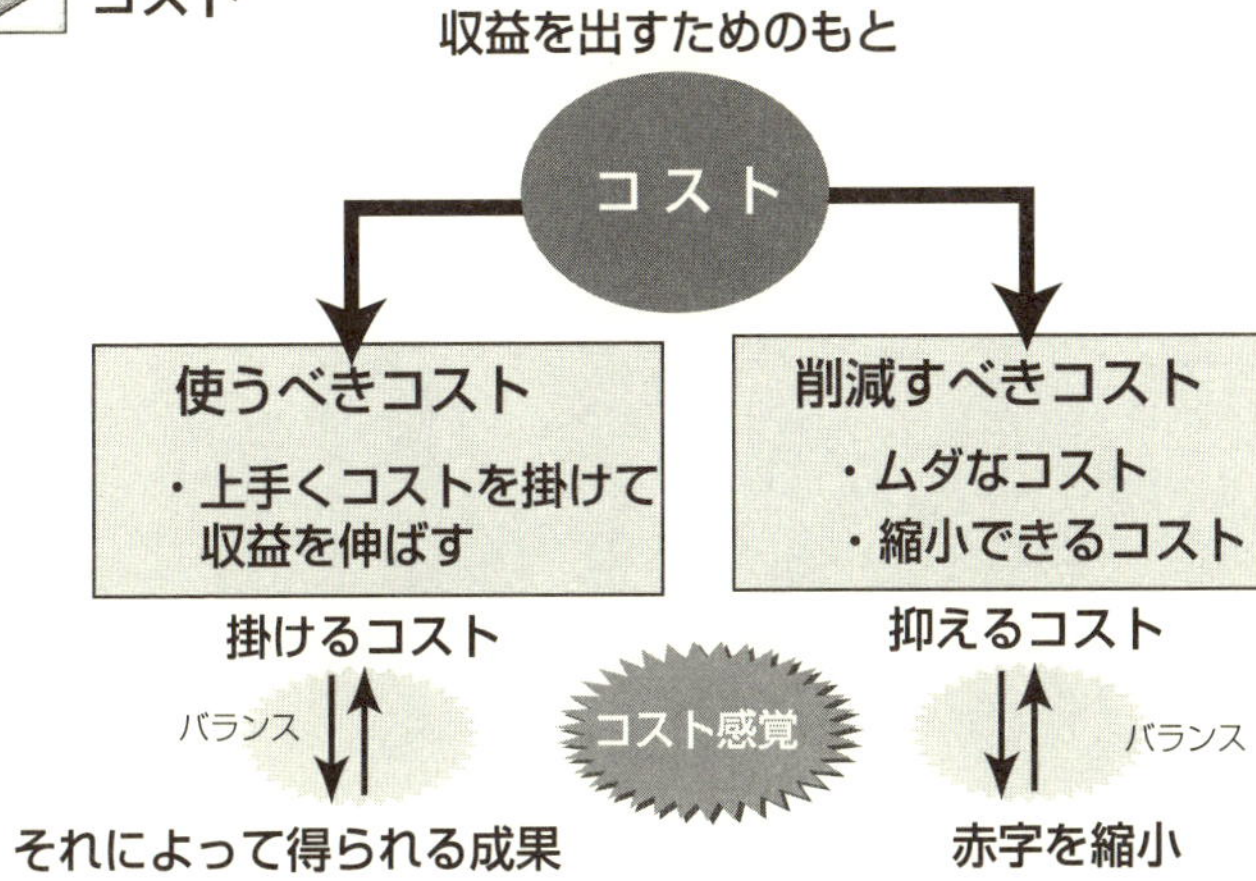

こう。原材料費などを使って生産活動をするメーカーとは違って、知恵や技術を提供する業種での時間コストは3つに分けて考える。「儲かる時間コスト」、「儲からない時間コスト」、「損する時間コスト」である。

儲かる時間コストは、費やす時間が収益に直結する。たとえば接客商談をしている時間、具体的な設計・企画をしている時間である。儲からない時間コストは、収益を出すためには必要ではあるが、直接収益にはならない時間である。段取り準備、移動時間のような時間である。損する時間コストとは、文字通り時間を費やしていながらそれが収益減につながる時間である。その代表的なものはクレーム処理のような場合である。

経営状況が厳しくなってくると、経営者が

先ず手を付けたくなるのが、人件費の削減と仕入コストの縮減である。人件費の削減は、人員削減というリストラや給与・賞与カットが行なわれる。仕入コストの縮減は納入先の統合、見直しなどにより行なわれる。

特に人件費の削減は、会社にとっても社員にとっても痛みを分かち合わなければならない場合が多い。しかし、企業がまだ退職金などの割増し支払い等ができる余力のある時に手を打ってこそ意味がある。判断の時期を誤ると、企業にとっても社員にとっても不幸を招きかねない。

▼コストには削減すべきコストと上手く使うべきコストがある

コスト感覚を磨くことは、特に経営者や管理職にとって欠かせない。ただし誤ってはならないのは、コストには削減すべきコストと、使うコストがあること。そしてそれを上手に使い分けることを忘れてはならない。

企業は継続させていかなければならない使命がある。そのために投資は着実に続けていく必要がある。種を蒔かなければ、花も咲かないし実もならない。特に企業がまだ健全な時に使わなければならないコストは、適度な宣伝広告費、必要な最小限の設備投資、そして収益を稼ぎ出す人材に対する投資である。これらの投資を企業業績が悪くなってから慌てて行ない、かえって墓穴を掘るはめになってしまう企業が多いという事を知っておこう。

12

経費削減ばかりでなく「費用対効果」で改善を図っているか

——使った費用に対して、どの程度の回収をしたかの判断指標。費用以上の付加価値を上げていなければ経営は成り立っていかない。様々な種類の費用に関してこれで検討することで、業務の見直しをする——。

会社を強くする視点 →「費用対効果」

経済不況のなか、経費削減ばかりで、前向きな投資を怠っている企業が多い。企業は将来に向けて存続していかなければならない。そのためには必要な投資は欠かせない。

社員には経費削減ばかりでなく、必要な費用は使ってもいいと言い渡そう。しかしその分の成果と見返りはきちんと評価すべきである。

幹部社員には利益感度が必要

より少ない経営資源の投入でより大きな見返りを得たい。その判断は経営にとって得か損か。それも単なる目先だけでなく、中長期の経営も視野も含めた、損得勘定の判断をしなければならない。単なるカンや度胸ではなく、理論的根拠を基盤とした判断でなければならない。経営幹部にはそういう損得の鋭い感覚が必要なのだ。

製品・商品の製造販売にかかった総コストに対して、どれくらいの効果(結果・実績)を得たのかを把握し、より良い方向に改善していくための指標が「費用対効果」である。

会計上の考え方では、費用は大きく分類すれば変動費と固定費に分かれる。変動費は売上高の変化で変動する費用で、製造原価(原材料費・外注費等)あるいは売上原価(仕入商品費・運賃等)である。固定費は売上高の変化にかかわらず余り変わらない費用で、節約可能固定費と節約

生産性から見る費用対効果

経営資源の投入（インプット）と
産出（アウトプット）のバランス

$$人的生産性 = \frac{経営成果の産出金額}{人的資源の投入金額}$$

$$物的生産性 = \frac{経営効果の産出金額}{物的資源の投入金額}$$

が難しい固定費に分かれる。

しかし、最近ではかつては節約が難しいと考えられてきた人件費を代表とする固定費も状況によって変動させる変動費化のやり方が広がっている。

▼生産性と関連づけて考える

このように費用対効果を考える場合は、経営の基本である経営資源の投入(インプット)とそれに伴う産出(アウトプット)のバランスを捉える。アウトプット÷インプットの指標が「生産性」である。

費用対効果は生産性との関係で考えると分かりやすい。

人的生産性＝経営成果の産出金額÷人的資源の投入金額

物的生産性＝経営成果の産出金額÷物的

資源の投入金額

ここでいう人的資源の投入金額とは労務費・給与・賞与・法定福利費・福利費・教育訓練費などである。物的資源の投入金額とは機械設備の取得原価・建物店舗の取得原価・材料費・販売費・管理費・宣伝広告費等である。

費用対効果を考えるとき、とかく見逃されるのが時間である。時間は立派な費用である。投入一単位当たりの時間に対してどれだけの効果を生み出しているのかを掴んでおくことが大切である。社員一人当たり一時間の固定費は

月間平均固定費÷（総人員×一日平均勤務時間×月間平均勤務日数×平均出勤率）

つまり、一時間当たりこれ以上の付加価値がなければ経営は成り立っていかないということになる。

経営の最終的に目標とする費用対効果は、総資本経常利益率である。一年間に投入した経営資本（総資本）に対していくらの経常利益を上げたかだ。売上高に対する経常利益率だけでなく総資本利益率に注目する。売上高利益率より高くなければならない。

厳しい経営環境の中では費用を抑える意識がどうしても強く出る。縮小バランスの考え方である。しかし、抑えるべき費用と使うべき費用の判断を誤ると経営の活力を失う。若干のリスクを背負うのも経営幹部に欠かせない利益感度だ。

13

新しい「在庫」管理方式を採用しているか

――在庫とは売上高・利益を生み出すために保有しているお宝。社員もお宝のひとつ。在庫は保有しているだけでコストがかかり、多く保有すればするほど負担がかかる。ジャストインタイムを考える――。

会社を強くする視点　→「在庫」

経営活動に必要な製品・商品・仕掛品・原材料・副資材など経済的価値を持つあらゆるものの保有量である。社員も人的資産という在庫である。

どのようにその在庫を有効に使うかで企業格差が生まれる。

進化する在庫の管理調達方法

業績が急進している企業の経営者がある勉強会で次のように述べていた。

「売上高を上げることはそれほど難しいことではありません。売れ筋の在庫を30％増やし、売上げ不振の在庫は30％減らせばいいのです」

通常、在庫といえば製品・商品・仕掛品・原材料・副資材をいう。製品とは生産過程を終えて販売可能なもの。仕掛品とは生産過程で加工中のもの、あるいは半製品。原材料は製品に必要な素材、部品などの購入物品をいう。

従来、在庫は必要悪とされ、生産や販売活動には在庫はできるだけ持たず運用するのがよいとされてきた。その代表的なやり方が、かの有名なトヨタにおける「かんばん方式」であった。最終工程のみ生産計画による指示生産で、後工程は「かんばん」での指示による生産。小日程計画中心で一日単位の計画で生産を行なう。後工程の指示のみで生産する、自工程では生産計画

人材という在庫の検証

●人的資産の分類

A人材	非常に役に立つ
B人材	A人材の補佐的役割で、A人材になる可能性がある
C人材	現在はいる必要がある
D人材	いないよりはいたほうがまし
E人材	現在は不要

現在そして将来に渡って、会社に利益をもたらすのは？
保有するだけで費用がかかるのは？

を立てない等の生産方式で、ムダの排除の切り札となったといわれている。

この方式はさらに進化しながら、物流の合理化などにも応用され、コンビニエンスストアのシステム化などにも寄与したのである。必要なものを、必要なとき、必要なだけ調達するジャストインタイムの考え方が広く応用されている。

とかく悪者扱いされた在庫も、情報機器とシステムの発達によって、在庫のデータが速くかつ的確につかめる時代になった。それだけに経営に必要な在庫は自社では極力持たず生産活動を行なったり、販売在庫を調達するやり方が当たり前になっている。

その代表的なやり方がネット販売だ。どこにどれだけの在庫があるかを把握しておけば、自社で在庫を持たなくても商売ができる時代なのである。

ＩＴの急速な発展は、情報管理機能を急速に高度化し、中間業者である卸、問屋機能の新たな見直しの時期にきている。

人材という在庫の検証の仕方

在庫品は製品・商品や原材料という付加価値を生む資金源あり、利子や保管費用のかかる資金源でもあり、有効に活用することにより利益を生み出す経営活動に欠かせないものなのだ。

在庫に関して経営の上で忘れてはならないのは、人材という在庫である。企業における人的資産価値である。この人的資産は、次のように分類してみる必要がある。

極めて役に立ち、現状においては最大の牽引力になる者（Ａ人材）。Ａ人材の補佐的な役割を果たし、努力と教育訓練でＡ人材になる可能性のある者（Ｂ人材）。可もなく不可もない人材ではあるが、現在ではいてもらう必要のある者（Ｃ人材）。役に立つという存在ではないが、いないよりいた方がましである者（Ｄ人材）。現状においては不必要な者（Ｅ人材）。

まさに、会社に人的在庫の棚卸しが必要な時期である。

14

プロセス重視の「成果主義」で評価しているか

――成し遂げた結果とそこに至るプロセスを客観的に見定め、評価する仕組み。会社がその者に求めた目標に対する達成度合いによって評価する評価方法。どんなに能力や実力があっても、発揮され、貢献されなければ会社にとっては何の意味もない。そういった意味で従来の「能力主義」「実力主義」とは異なる――。

会社を強くする視点　→「成果主義」

成果は結果である。結果が悪ければどんなに努力していても評価されない。目標にほんの少しでも不足していては目標未達で評価されないのである。

ただし、会社が求める目標に対し、すぐ目に見える結果として表れないが、将来に対する種まき、準備段階でのプロセス評価がある。注意すべきは、結果に至るプロセスも大事だが、プロセスの斟酌が評価の調整弁になってはならないということだ。

建前ではなく本音で結果オーライの時代へ

人事考課基準に成果主義システムの導入が急増している。反面、成果主義に対する批判や疑問も目立っている。この論議は成果の見方の違いから起きている。

成果とは結果である。この定義に対して、疑義を唱えるその要旨は、それでは結果さえよければ何をやってもよい評価がなされるのかという反論である。勝てば官軍の考え方が許されるかというのである。

年功序列の崩壊が言われて久しいが、「我社は年功序列です」と標榜してきた企業はほとんどない。建前は能力主義・実力主義であった。しかし、結果として年功序列になってしまったのだ。それは年功序列が能力・実力と相関関係があった事も事実だったのだろう。

人事のあり方

能力主義

身につけて欲しい職務遂行能力のレベルを示し、そのレベルアップを目指し、そのレベルで処遇し、潜在能力の発揮に注目して人材育成を進める人事管理の方法

実力主義

実際に評価できる顕在能力に注目し、その発揮度を中心に処遇を進めようとする人事管理の方法

成果主義

業績の結果とそこに至るプロセスを評価し、処遇に格差を付け、社員にチャレンジ意欲の向上を求める人事管理の方法

しかし、経営環境の激変によって、短期的だというそしりは覚悟で、現実的な速い成果を求めざるを得なくなっている。企業は、建前であった能力主義や実力主義というような曖昧な基準を、できるだけ明確にした「成果」という言葉に置き換え、本音で導入しなければ、企業の存続が危うくなってしまう危機感を持ったのだ。

今まで密かに思ってはいたが、口に出すのをはばかっていた、勝てば官軍の考え方も表に出さざるを得なくなった。ビジネスパーソン同士の競争でも同じである。どんなに真面目に努力しても結果が出なければ残念ながら評価されないのがビジネス社会の本来の姿である。

このような背景は、とかくなりふり構わず

の傾向を蔓延させ、社会や企業風土に悪影響を与える。それが成果主義への批判の論拠ともなっている。

本物の成果主義を貫け！

しかし、だからといって短絡的に成果主義を否定する訳にはいかない。本当の成果は一時的なものではなく継続し、かつ常識的な社会的規範から逸脱するものではない。評価される成果は、継続性と合法性という2つの条件がある。

本物の成果主義を貫けるのは単なる結果主義ではなく、結果はきちんと求めるがそこに至るプロセスを重視していることを見逃してはならない。踏むべくプロセスは踏んだ上で評価される結果を出す。これが本物の成果主義だ。

このような成果主義の流れは、本当の力のあるビジネスパーソンにはチャンスである。今までの人的しがらみや、先入観、社会的格付などを打ち破るまたとない時期なのだ。仕事以外の要素であまり恵まれなかった人は挽回するチャンスを自分でつかむことである。企業もそのチャンスを与えなければならない。反対に、弾みでとんとん拍子に出世の階段を上ってきた人はその真価が問われる。

今の時代、求められているビジネスパーソンは、単に会社に仕事をしに行く人ではなく、会社に成果を出しに行く人だということを強く認識させなければならない。

15

「納期」を厳しく守らせているか

――成果が求められる絶対守らなければならない評価期間。

仕事には必ず求められる時間的範囲がある。契約上の重要案件でもある。ほんの少しの遅れでも、信頼関係及び経済的なトラブルに繋がる。

納期は守って当たり前。守れない者には厳しいペナルティが必要――。

会社を強くする視点　→「納期」

納期は守って当たり前。要求された品質の成果物を納期に納品するのは並のレベル。要求されたレベル以上の成果物を納期前に納品すると評価される。納期に遅れ、しかも低品質の成果物では問題にならない。

納期とは時間と品質の水準を示す

ビジネス社会では、納期感覚がない仕事はまずないと思うべきだろう。自分が自分のためにやるような事や、自主的に取り組む仕事、できるときやればいいというような仕事以外は、組織の関わりの中でやるからには必ず納期がある。

納期とは、時間と品質の水準と言ってもいい。管理職が部下に仕事を指示命令する場合、いつでもいいからやっておいてという指示命令の仕方はまずないはずだ。いつまでにどのようなレベルでという納期と、求める品質を明示しているはずだ。納期と品質が明示されない指示命令は本来無効で、それは仕事ではない。

企業間の取引における納期は、お互いの収益に直結する重要な条件のひとつである。案件によっては契約条件として明記され、それに反した場合は損害賠償の対象になる。そのため商取引における確認事項として予め、納期の定義を明記しているケースが多い。たとえば、ある印

納期の捉え方

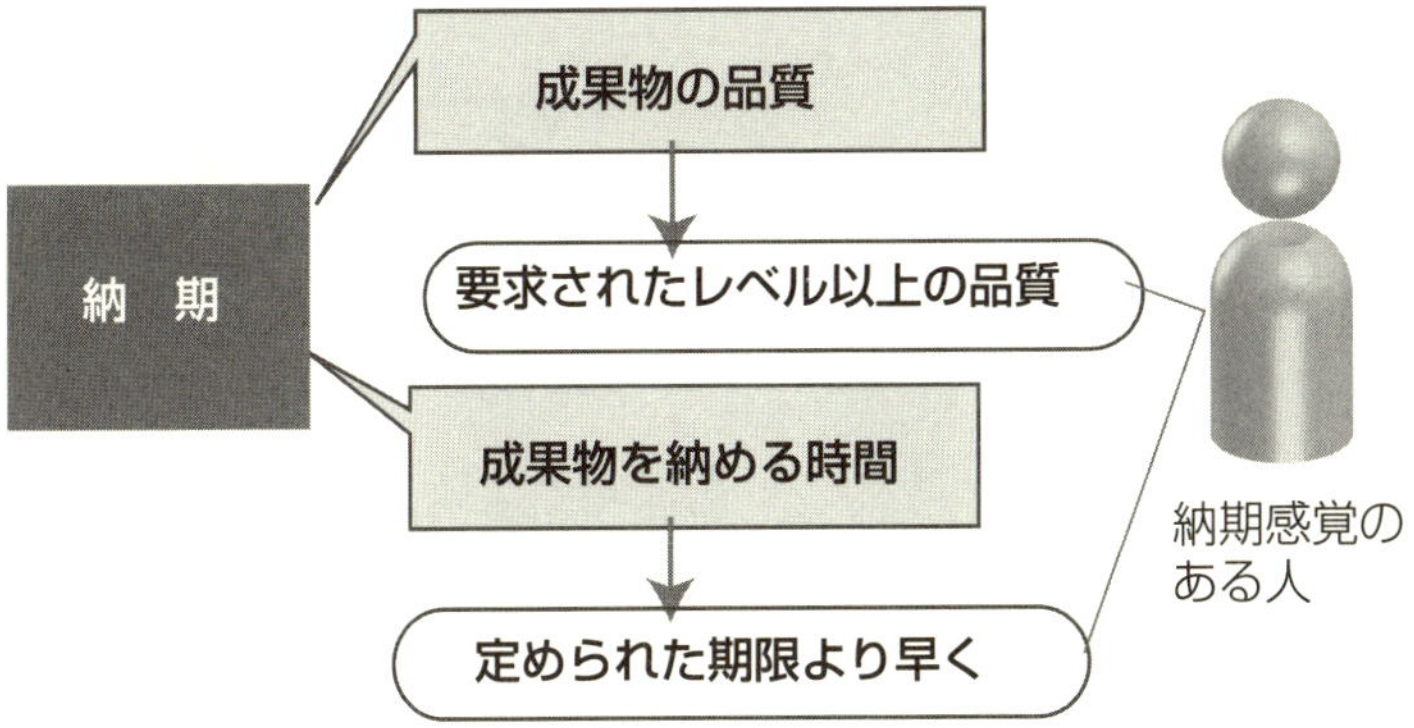

刷業者は納期とは、商品発送日であり到着日とは異なると明記している。時間を争う印刷物の場合は、後からのトラブルを防ぐため納期の事前の確認が欠かせない。

納期感覚を磨くタイムマネジメント

日常の仕事でも納期感覚がある人は信頼される。決められたことは決められたときまでにきちんと行なう。さらに必要に応じては余裕を持って仕上げるというような配慮があればさらに信頼は高まる。

レポート、報告書の類でもその提出が遅れる人はいつも決まっている。納期に対する意識が希薄なのだ。そういう人は自分自身のタイムマネジメントができていない。

仕事のできるビジネスパーソンはタイムマネジメントが優れている。平等に与えられた

24時間を上手に使いこなしている。特にタイムマネジメントが上手な管理職の行動には、以下のような共通した特徴がある。

・部下への仕事の振り分けに常に注意し、その進行状況のチェックと調整を怠らない。
・会議は長くとも90分以内で結論を出す。
・自分でしなければならない仕事以外はできるだけ権限委譲し、常に一歩上の仕事にチャレンジしている。
・時間を割って使い、いくつかの仕事を同時並行させて処理している。
・必要に応じて専門家への外注を活用している。
・半端な時間、待ち時間などを無駄にしない。

部下へ納期について厳しく言う管理職は、概ね自分の納期管理もしっかりしている。納期管理意識の高い管理職は、当然経営者層からの信頼も高い。

経営は見方を変えれば時間との戦いでもある。営業年度においてどれだけの成果が上がったかが問われるのであるから、これも納期と同じ捉え方である。

定められた納期に定められた品質の成果物を納品する、タイミングをはずさない納期感覚は間違いなく高く評価される。

16

時代に合った「リーダーシップ」を実践しているか

――部下の力を目標に結集させる能力。

目標を示し、強引に部下を引っ張るワンマンリーダーの時代は終わった。リーダーとしての技術、資質、人格が求められる――。

会社を強くする視点　→「リーダーシップ」

いつの時代でもリーダーシップ論は繰り返されている。

今の時代は調整型リーダーより強いリーダーが求められている。リーダーを本当のリーダーたらしめるのがリーダーシップである。

俺についてこい型から双方向性型リーダーシップへ

経営に管理は欠かせないと述べた。管理は組織が目標からずれないようにすることだ。そのためには部下の持っている力を目標に結集させる事が必要だ。部下の力を目標に結集させる管理者の力が、リーダーシップである。

リーダーシップは奥が深くかつ永遠の課題である。が、そのあり方は時代の変化と共に変化してきている。

かつてのリーダーシップ論は、部下を通じて目的を達成するために率先垂範の姿勢を示し、俺についてこい型リーダーシップで、部下を引っ張っていく要素を求めるものが多かった。

しかし、リーダーシップの基本が部下の力を目標に結集させる力と解釈すれば、一方向のリーダーシップではなく、上司と部下の双方向性が保てるリーダーシップが求められる。部下と共に考え、部下が適切な判断ができるように適切な情報を与えて目標に目を向けさせたり、

双方向性のリーダーシップ

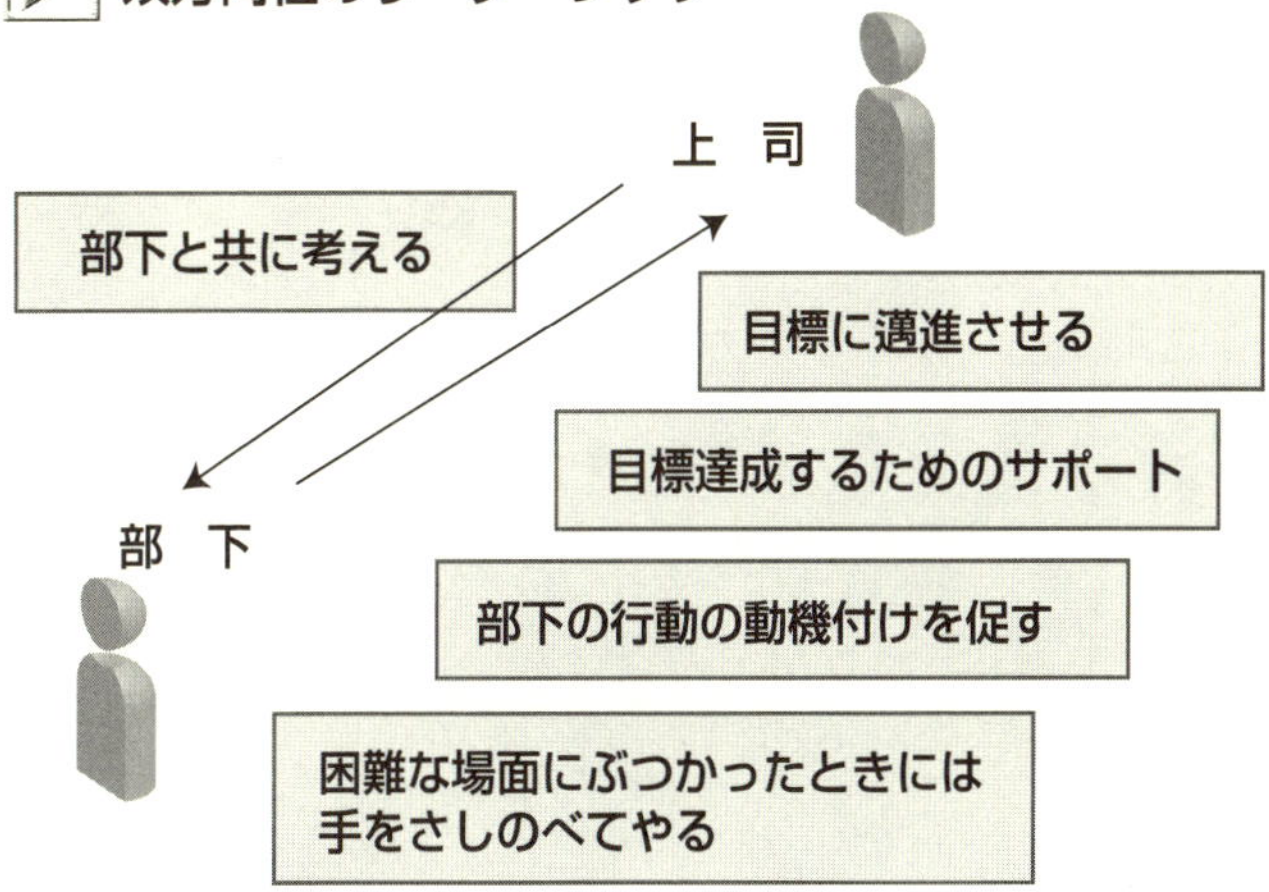
上　司
部下と共に考える
目標に邁進させる
目標達成するためのサポート
部　下
部下の行動の動機付けを促す
困難な場面にぶつかったときには
手をさしのべてやる

自ら高度な専門知識や技術を発揮し、部下の目標達成を側面から援助することも立派なリーダーシップである。

求められるリーダーの牽引力とは

リーダーシップを発揮するのがリーダーすなわち指導者であるが、指導者はつねに部下が目標達成のために何をしなければならないかを、自ら及び部下達と共に考え、目標に邁進させる責務がある。

俺についてこい型リーダーシップから双方向性型リーダーシップへ変化することによって、リーダーに対する期待感も変化している。強面《こわもて》の強引なリーダーよりも、この人なら信頼できる、自分の能力が上がる、勉強になる、理論的に教えてくれるというような人であるなら、少々厳しくてもついていこうと思うものだ。

部下を引っ張っていくには、攻めと、守りを使いこなしていく必要がある。自ら行動を起こし、部下達の行動の動機付けを促していく攻めのリーダーシップと、部下の失敗を補ったり、苦境に立たされたときに手を差し伸べる守りのリーダーシップである。この攻めと守りの両面を調和を持って使いこなしていくことが求められている。

しかし、現実の多くのリーダーは攻めと守りに得手不得手があり、なかなかバランスが取れない。そこで必要なのはリーダー層の人材の組み合わせの大切さである。攻めに強い者と守りに強い者を上手に配置し、それぞれの長所短所を補わせるのだ。

経営者層も自分の特徴をよくわきまえ、どのような人材をそばに置けばいいのか謙虚に考える必要がある。似たような行動パターンの人材構成では、バランスの取れた成果の上がるリーダーシップの発揮は期待できない。リーダーとその補佐役のバランスは企業の盛衰を左右する。

17

本当の「適材適所」を見抜いているか

――その人材がもっとも稼げる場所に配属する。本人がやりがいを感じ、実績を上げ、それに満足できる状態を言うが、本人の希望や思惑通りでないところで花が咲くこともある。それを見極めるのが上司の役目である――。

会社を強くする視点　→「適材適所」

人材の資質は、入社当初はそんなに大きな差があるものではない。一定の教育訓練を施し、現場でさまざまな経験を積み、それに本人の熱意が伴えば必ず成果が表れる。適材適所は本人が自分で認識できるとは限らない。上司が部下の適材適所を見抜き、その場を与え、本人がその気になって全力投入できる職務と自覚させるかである。

適材適所の要件は変わる

その人材にとって今の仕事が合っているかどうかは、上司がきちんと見極めていなければならない。ところが組織が大きくなればなるほど、それぞれの配属が適材適所であるかどうかは分かりにくくなる。

適材適所とは、その人材が会社にとっても本人にとってもその部署で活かされているということである。つまり、その人材がきちんと職責を全うし、直接的、間接的に業績の向上に貢献していて、その本人もその仕事にやりがいを感じ、自分の実績が高く評価されることに満足している状態である。

重要なのは、今の状況だけでその人材の適材適所を判断してはならないということだ。現状では会社も本人も適材適所だと思っていても、その状態がいつまでも続くかは分からない。経

適材適所 →やりたい仕事と適材適所は必ずしも一致しない

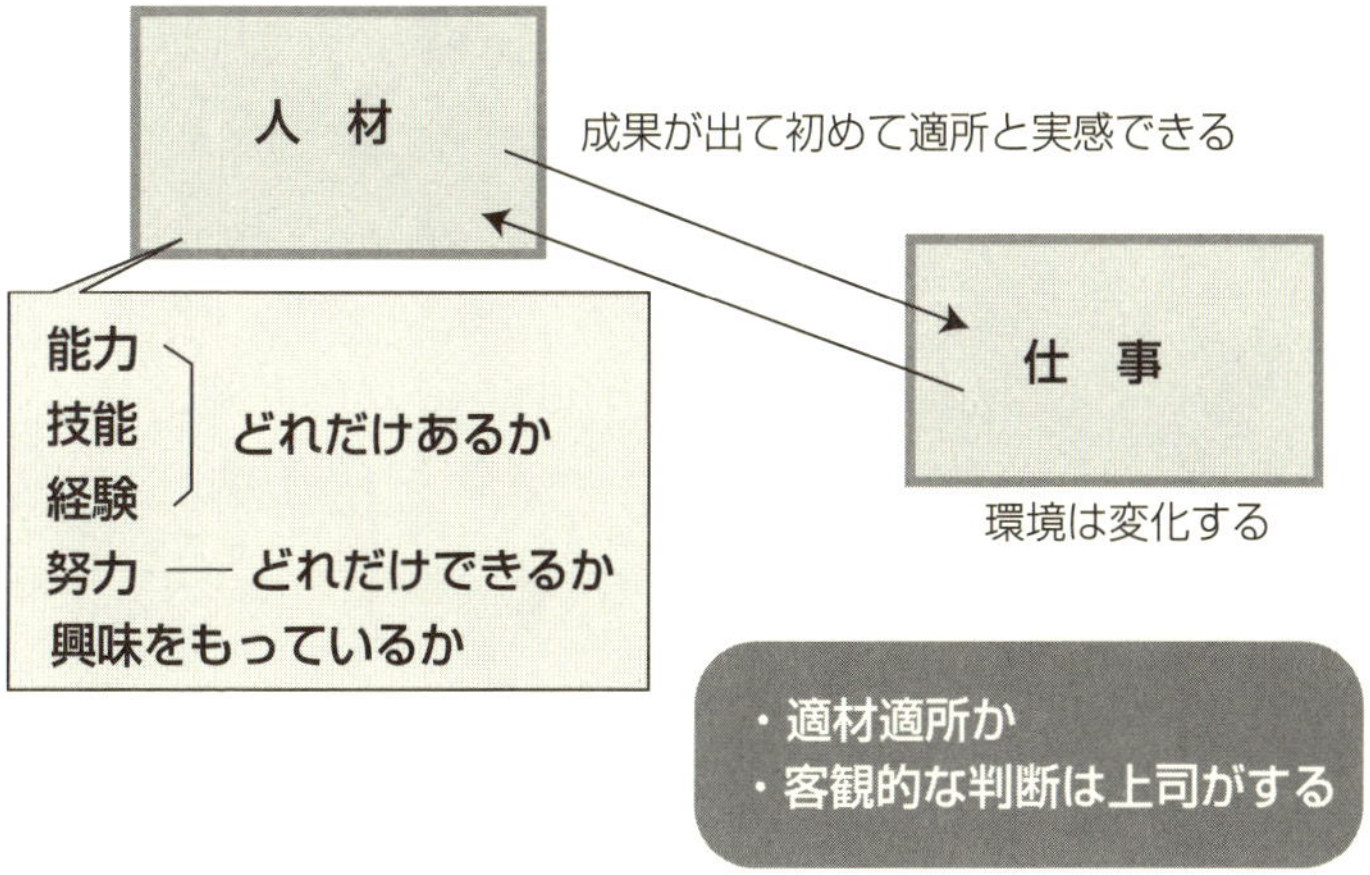

営環境は刻々変化する。それに伴い、仕事のやり方も変わる。技術革新はその仕事に必要な適正能力を根本的に変えてしまうこともある。今までは「できる社員」で通っていた人材でも、新しいやり方がマスターできなければ適材ではなくなる。

ベテランの印刷工が技術革新の中で不用になり、熟練機械工がNC（電子制御）機械を使いこなせず、不本意な仕事をやらざるを得なくなっている。このように適材適所の要件は企業の変化と共に変化していく。

本当の適材適所は本人でも分からない

さらには適材適所が本人も会社も気が付かない場合が案外多いということだ。ある製造業の企業で営業に欠員ができ、急遽現場から投入することになった。20歳代の男性というだけの条件で、高卒入社8年目のA君に打診された。ところがA君は「自分はとても営業などには向いていません。口下手だし、人前に出るのも苦手です。だから今の現場に残ることを希望します。やっと仕事がおもしろくなってきたところなので」と異動を固辞した。

そこでK営業部長が直々にA君と面談し、半年間だけ自分が直に預かるという形でA君を説得した。A君も嫌々ながら説得に応じた。このA君の異動に関しては、どう見ても適材適所と誰も思わなかった。

しかし、半年間を経過し、A君の変身ぶりは周りを驚かした。現場の技術に詳しく、とつとつとした口調が客先にうけ、ビックリするような実績を上げるに至ったのだ。こうなるとA君本人もますますやる気が出て、今や押しも押されもせぬ営業係長として大活躍している。正にA君には営業が適材適所であったのだ。

この反対の事例もある。本人は適所だと思い込んでいるが、客観的に見ると不適材不適所であることもある。このように適材適所は本人の思惑とは全くかけ離れていることもあるし、環境や状況に応じて変化する。企業戦略により適材適所を新たに作り出していかなければならないこともある。

適材適所は決して固定的なものではなく、流動的なものであることを知らなければならない。

18

社員の「モラール」アップに施策を講じているか

――会社と自分のために、もっと稼ごうとチャレンジする気持ち。誰でもそれは持っている。いかにそれを向上させ、行動に移させるかだ。何の施策もない会社はせっかくの芽を摘み取っている。やる気のない社員にわざわざ育てているのと同然。会社も伸びない――。

会社を強くする視点　→「モラール」

どんなに資質や能力があっても、それを発揮して目的を達成しようとする気持ちが希薄では成長しない。人はパンのみに生きるのではないとは言うが、前向きな上昇意欲は企業活動には欠かせない。その意欲を引き出す大きな誘因となるのが地位(役職)とカネ(給料)である。

パートタイマーの主婦でも目的を持って稼ごうとしている人のモラールは高いものだ。

能力差は何が原因で生じるのか

「モラール」と「モラル」を混同している人が案外多い。モラール＝moraleは直訳すれば士気、やる気で、モラル＝moralは道徳で、eが付くか付かないかでその意味はまったく違う。

「我社の幹部はモラルが問題だ」と社長が発言すれば、傍で聞いている者は、いったいこの会社はどうなっているのかといぶかるだろう。

経営者は、社員のモラールアップを図り、業績向上につなげたいと考える。それでは具体的にはどうしたらそれが実現されるのか。仕事に取り組む姿勢や俗にいうやる気はその人の内面的な問題であるので、なかなか厄介で、これからの経営にとっても永遠の課題になるであろう。

通常、新入社員の段階での基本的な資質はそんなに大きな格差は無い。しかし、何年か様々

モラールアップの対策

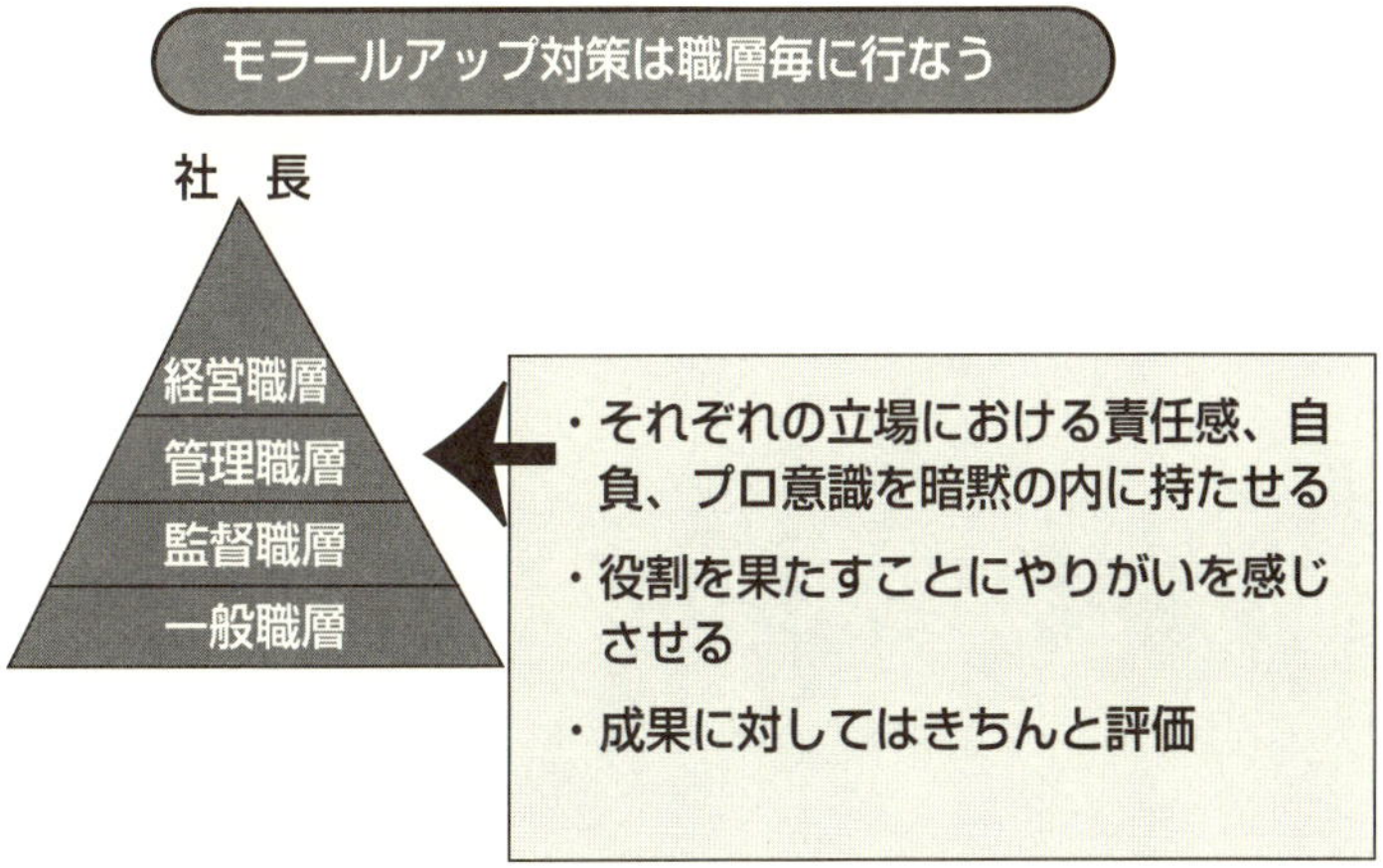

な経験をしていくと、次第にビジネスパーソンとしての能力格差が開き、30歳代の中盤くらいで決定的な格差にまで広がる。

その格差の原因は入社後の教育訓練にある。教育訓練は会社が行なう場合と、自らが自主的に行なう場合がある。モラールの高い者は自己啓発意欲も高く、そこに高い能力形成が行なわれていく。

階層別にモラールアップ対策を図る

それでは、モラールの高さはどこから生まれるのだろうか。それは、自分の能力アップが周りが期待する成果に結びついたとき、その成果が次の成果への動機付けになる、そのときだ。

企業は、社員のモラールアップのための施策を常に考えて打っていかなければならない。モラールアップ対策は職層ごとで違ってくる。社員には夢と希望を与えなければならないと言われるが、その夢と希望の与え方も職層で違うのだ。

経営職層には企業経営という観点から、部門責任者を兼任しているとしても全社的見地から企業を見る目を持ち、自分も企業経営を担う一員としての自負を持たせることが必要になる。そのことからも、経営職層のモラールアップの原点は企業の方向を定める経営戦略に関与し、全社業績を上げ、企業トップ層としての処遇を受けることだ。大手企業の経営職層には専用車がつき秘書と個室が与えられる。これは役員としての自負と責任を与えると同時に、社員達にはいずれ俺もというモラールアップに結びつけさせる伝統の知恵なのだ。

部課長を中心とした管理職層のモラールアップの基本は、部門経営者としての意識である。担当部門の責任者として損益に責任を持たせ、その成果に対してきちんと評価することである。自分個人の成果より、グループまたはチームの長としての役割を果たすことに責任とやりがいを感じさせることにより、モラールは格段に上がる。管理職は企業の中でも最も心身に負荷がかかる立場だ。評価結果は年俸への反映もあるが、即効性の高いのは特別賞与等の特別報償で報いてやるのもひとつの方法だ。

19

スムーズな「コミュニケーション」の体制を整えているか

――双方向の意思を伝え合うこと。情報を受け渡す行為や通信を行なう機関を指すこともある。組織の風通し具合が反映する。コミュニケーションの手段、メール、電話、対面、手紙などもそのときの状況を考慮して取り違えないように注意すべき――。

会社を強くする視点　→「コミュニケーション」

組織のそれぞれの立場の者が、必要に応じて自分の考え方を可能な媒体を通じて伝える行為。そこには相手に分からせる表現力が要求される。

ところが、最近は組織そのものにコミュニケーションを詰まらせる原因があることが多い。また、コミュニケーションは意識して努めないとスムーズにはいかない。

なぜ社内コミュニケーションが上手くいかないのか

組織論では上司の指示したことは、直属の部下を通して末端まで伝達され、末端の報告や提案・意見・申請などはしかるべき手続きで上司に伝えられる事になっている。しかし、現実は上司の指示は思うように伝わらず、現場の状況も上司には正しく伝わっていない。

だからコミュニケーションは大事なのだと繰り返し述べても、そのコミュニケーションのパイプが詰まっていては、組織内での意思疎通は思うようにいかない。社内にスムーズなコミュニケーション体制を整えるには、先ず管理職がコミュニケーションの考え方を根本から改める必要がある。

まずは、上司の命令指示は部下には正しく伝わらないもの。そして部下は上司の思うようには動かないとものだと思うことだ。さらに部下からの報告、連絡等は正しいとは限らないと

コミュニケーションの壁

- 社内にコミュニケーションの体制が整っていない
- 自分に不都合な情報は無意識にあるいは意識的に伝えない
- コミュニケーションの手段の進化に対応しきれない
- 社内コミュニケーションの重要性の認識が希薄
- 情報操作や隠蔽に対して厳しい処罰等の規定がない

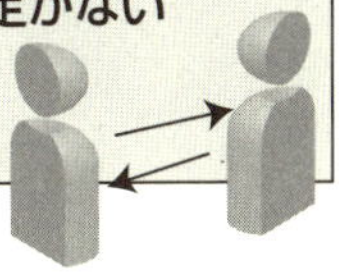

思っておくことだ。

このように言うと、コミュニケーションとは上司と部下との間の不信感から始まるような印象を受けるかもしれない。そうではない。よりよいコミュニケーションを確立するためには、コミュニケーションの取り方と状況には念には念を入れる必要があるということを理解すべきなのだ。

基本的な表現能力の向上がコミュニケーションをスムーズにする

Eメールをはじめ、コミュニケーション手段はますます進化してきている。しかし、コミュニケーション手段の進化が、企業が期待するほどスムーズなコミュニケーションのパイプの通り具合をよくしているとは思えない。

自分にとって不都合な情報は無意識に、時には意識的に操作され、伝えない、伝わらないという現象が起きている。最近の大手企業の不祥事の原因はコミュニケーションパイプの目詰まり現象によるところがほとんどである。

報告・連絡・相談はコミュニケーションのイロハである。ホウ・レン・ソウという言葉は新入社員でも知識としては知っている。しかし、ホウは「悪いことから」という基本は管理職も本当に理解していない。たとえ知識として知っていても、悪いことを報告すると自分のマイナス評価になることをおそれて隠蔽工作をする。

さらにスムーズなコミュニケーション体制を社内に作り上げて行くには、社員の表現能力を高める必要がある。表現能力の基本は「話す」「書く」「行動する」である。特に話す力、書く力は欠かせない。

ところがこれが案外劣っている。特に若年層社員にその傾向が見られる。その原因と考えられるのは、話す、書くの基本になる「読む」という行為が不足している。軽いものを読む事には慣れているが、少々堅いものを読みこなす習慣ができていない。

相手の立場に立って自分の思いを伝えようとすることがコミュニケーションの基本である。ツーカーの察する関係が本来の姿であることを確認したい。

20

「批判」は謙虚に受けとめ、愚痴は突っぱねているか

――批判とは、より前向きな問題解決方法を模索するための現状否定の言動。ただし、代案や提案がなければ単なる戯言、愚痴である。部下の批判は聞く耳を持ち、時には意見のぶつけ合いも必要。良い提案なら取り入れる。そういう姿勢が会社を、社員を成長させる――。

会社を強くする視点　→「批判」

文句を言ったりケチを付けるだけなら誰でもできる。もし上司に批判するなら、本当の批判は勇気と知恵を結集した諫言でなければならない。また批判された上司は、体を張った諫言には素直に耳を傾ける姿勢が必要である。上司は部下から批判をされる事があっても部下を批判してはならない。

社員にはどんどん前向きな批判をさせよ

最近、部下が面と向かって上司を批判することが少なくなったように感じる。特に管理職がおとなしくなっている。こんなご時世で上司に問題発言をすればリストラされるかもしれないと、おとなしくしているのではないかと勘ぐりたくなる。かつて若手課長が社長に噛み付いている姿を見て頼もしく思ったことがある。今はそんな気概がある管理職が少なくなっている。

こんな時代だからこそ、時には堂々と上司を批判し、自分の見解もしっかりと述べるくらいの人材を経営陣は求めている。しかし、現実は多くの管理職は元気が無い。そのくせ裏では上司や会社批判にうつつを抜かす。居酒屋が上司や会社批判の格好な舞台となっているようだが、それで適当にガス抜きするのは健全なのかもしれないが少々物足りない。

上司と部下が堂々と意見をぶつけ合い、その議論の中からお互いに認め合う方向を見いだし

批判は受けよ

部下からの批判には

- 堂々と意見は述べさせよ
- 批判するなら提案を出させよ
- 良い提案なら受け容れよ
- 上司は部下からの意見にも聞く耳を持て
- 批判には前向きに解決を見いだす

ていく。こんな理想が実現できればと思うが、実際はなかなか思うようにはいかない。会議の場で「自由に意見を言ってくれ」等と社長が意見を促しても、そんな誘いにおいそれとは乗ってこない。社長の言うことをまともに受け、上司や会社の批判などしようものなら、後からどんなことになるかはわきまえている。

上司や会社に対する批判には謙虚に耳を傾けるべきである。しかし、批判する側もただ批判するだけでなく、それではどうしたらいいのかという提案が必ず欲しい。これはと思う提案は必ず取り入れる。その代わり提案がない批判は断じて許さない。こんな経営トップの姿勢が部下の単なる不平不満だけの批判から、前向きに考えようとする姿勢をつくる。

ただ批判するよりイエスの発想

上司から与えられた課題に対する部下の姿勢も同じである。たとえその課題が無理難題であっても、先ずはイエスで受ける姿勢が欲しい。少々小才が利く社員に限って、上司からの課題をうまく逃れようとする。いかにその課題が無理であるかをとうとうと論陣を張る。ノーの論理が先立つのだ。大手企業の社員によく見られる傾向である。

ノーの論理よりイエスの発想だ。できない理由を並べるのではなく、どうしたらできるのかを考える。あるいはできないなら相談する。

上司からの課題はまずはイエスで受けろ。そしてそれに問題があるのであれば、どうしたらその問題を解決できるのかを一緒に考えよう。イエスの発想がなくて、ただ批判や拒否を繰り返す。これは認めない。君がどうしてもできないなら、君をはずしてできる者に代える。これくらいの上司としての迫力が欲しい。

組織での仕事では当然、意見の食い違いや葛藤がつきものだ。上司と部下との間に批判や不平不満が出るのは当然である。批判や不平不満が出ないのはむしろ不自然で、その組織に何か問題があると考えていい。重要なのは批判や不平不満に目くじらを立てるのではなく、それを前向きに活用する方法を考えることだ。

3章

一般社員に徹底させる定義

一般社員に徹底させる定義（解説）

一般社員に必要なのは、会社で働くとはどういう事なのかを理解させることである。つまり会社とは何か、仕事とは何か、顧客とは何かというビジネスの基本を再確認させることと、日常の働く姿勢で何が重要なのかを解らせることである。当たり前といえば当たり前のことだ。しかし、この当たり前のことが一般社員には理解されていないために、社長や幹部社員と、一般社員とのコミュニケーションや発想にギャップが生じている。

理解させるにしても、単に知識として教えるのではなく、どうしてそうするのかを筋立てて教えなければ、理解できないだろう。そのような意味から、一般社員を育成する義務を負っている社長や幹部社員は、本章の各定義の考え方を習得し、理論武装することが大切だ。

若いときから物事を理論的に考える習慣が身に付いているビジネスパーソンは、幹部社員になっても、きちんと部下を育成できる。

この3章に掲げた15の定義を部下達に自分の言葉で説明でき、理解させることができたとき、教えた本人の理論武装レベルも数段上がったと思っていい。そして、これまでの章の定義を遡って一般社員と共に学び直せば、一石二鳥の成果が得られる。

1

「会社」を存続させるには何が必要なのか

――会社は利益を追求するところである。会社の存続のため、社員はいかに売上を上げるか、いかに自分の業務目標を果たすかに必死になる。しかし、本来目を向けるべきは、会社の外であるお客様であり社会である。社会に自社の商品・製品・サービスが受け入れられ、社会に会社が必要とされて、会社は存続できる――。

会社を強くする視点　→「会社」

会社が存続しているのは、社会から必要とされているからだ。倒産する会社は、社会から必要とされなかった。

社会が必要とする役割を果たしているかどうかの証拠は、しかるべき収益を出していることだ。ただし、儲ければいいというわけではない。儲けの背景には継続性と合法性がなければならない。

社会から必要とされる役割を果たしているか

英語で会社は「company」である。この言葉の語源が、com=みんな一緒にであり、pan=ラテン語の食べるパン(panis)だと知ったのは20代の頃である。これを知ったとき我が意を得たりという感がした。会社とはみんなで一緒にパンを食べるための集団であり、パン代を稼ぐために毎日頑張っているんだと妙に納得した。このcompanyを「社会」をひっくり返し、「会社」と訳したのは福沢諭吉だという説にも何となく説得力があった。

その後ビジネス社会に身を置きながら、会社とは一体なにかを考える機会に直面し、単にパン代を稼いだりパンを食べる集団の考え方では会社の本質はつかめないと実感した。

会社の寿命は30年と言われ、さまざまな会社の栄枯盛衰を見るにつけ、会社が企業戦争に勝

会社は社会的存在である

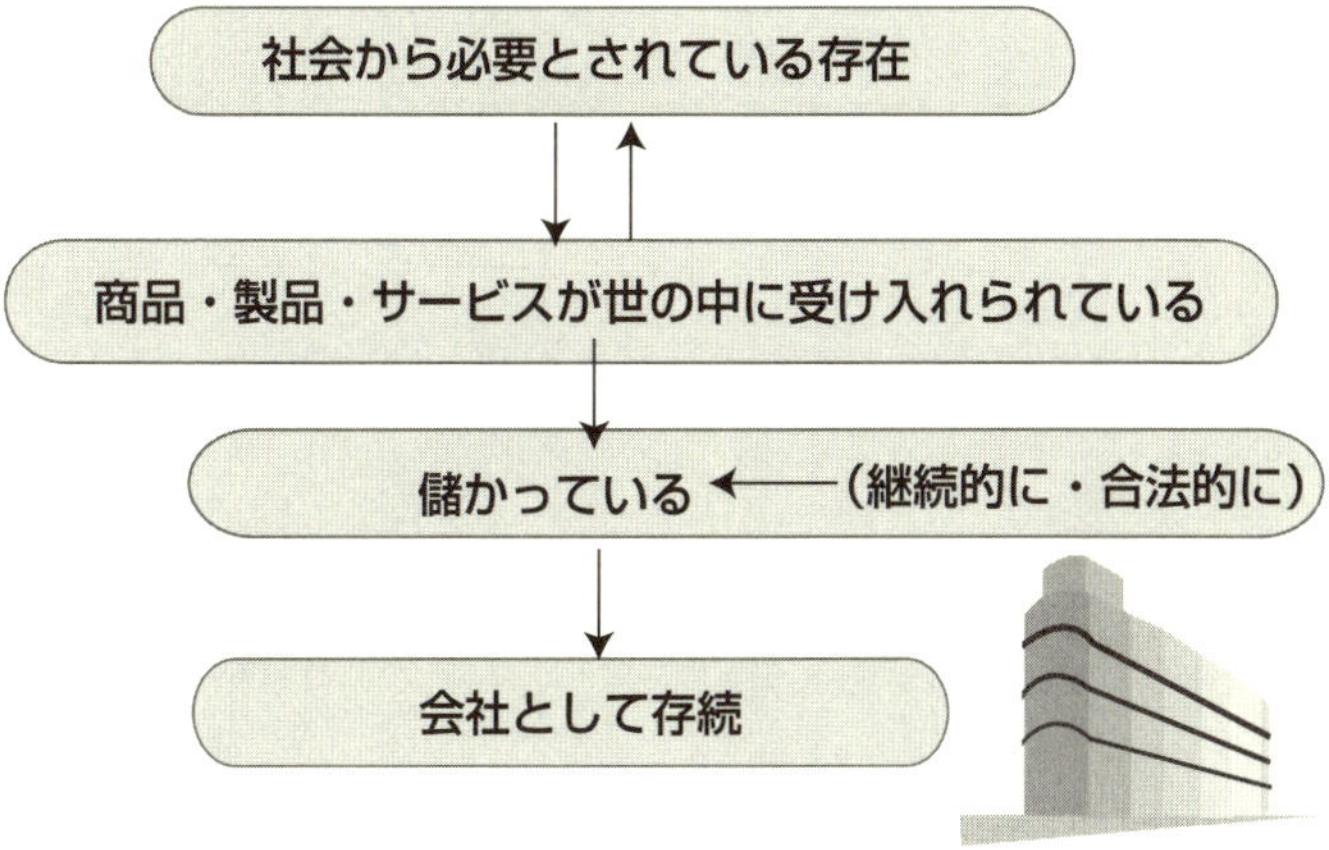
社会から必要とされている存在
商品・製品・サービスが世の中に受け入れられている
儲かっている
（継続的に・合法的に）
会社として存続

ち残り、生き残っていくためには、やはりそれなりの原理原則があることを再確認させられた。

その第一は、会社の存続は、やはりその存在の必要性を社会から認められなければならないという事である。必要性が認められない会社は「あなたの会社が無くとも困らない」と社会から烙印を押され、退場を迫られるという事である。倒産や清算である。

ところが、自分の会社が社会が必要とする役割を本当に果たしているかどうかを常に考えている経営者は意外なほど少ない。社会が必要とする役割を果たすとはどういう事かの認識がはっきりしないのだ。ただひたすら頑張っているという経営者が大多数なのだ。

結論から言えば、会社が、社会が必要とす

る役割を果たしているかどうかは、その会社がしかるべき収益をきちんと計上できているかどうかが最大の目安になる。なぜならば、しかるべき収益を上げているという事は、その企業が提供している商品・製品やサービスが世の中(顧客)に受け入れられているからである。商品・製品・サービスが売れるから、その結果として儲かっているのだ。

儲からない会社は、提供しているものが世の中に受け入れられていないのである。景気が消費者が行政がという前に、謙虚に自分の会社の提供しているものを見直してみる事だ。

継続的で合法的に儲けていること

それでは儲けてさえいればいいのかというと、その背景に二つの条件がある事を忘れてはならない。継続性と合法性である。

一年や二年儲けても、それが継続しなければ本物といえない。一時的な流行やフラッグによる見せかけの儲けではダメだということだ。華々しく株式市場にデビューしてすぐ問題を起こすベンチャー企業も本物ではない。世の中を欺いた商法による儲けも本当の儲けではない。

また、世の中から後ろ指を差されるようなやり方は必ず指弾を受ける。一度不法な手口に手を染め、世の中を欺いた行動を取った会社が信用を取り戻すのは至難の業である。

会社は誰のものかという議論がある。株主や従業員のものという見方は一面的であり、やはり顧客を意識した社会的存在であると理解すべきであろう。

2

「就職」と「就社」との違いは何であるか

――就社と割り切り、その会社に在籍する限りその組織のルールに従い、組織人となって歯車を動かしていく。会社は歯車が規則正しく回ってこそ動く。歯車が生き生き回れば会社も活性化する。逆に錆び付いたり、欠けたりすれば鈍くなる。歯車一つにも重責がかかっている――。

会社を強くする視点 →「就職」「就社」

今の会社に入社した動機は何だったのか。就職先を選ぶ基準は人によって異なるが、「知名度」「世間体」「安定度」「初任給」等を優先させる人も多い。気が付いたら今の会社にいたというのが本音ではなかろうか。しかし、そんな浮ついた考えはすぐに捨てさせ、この会社でやっていくぞ、俺は○○で食っていくという覚悟をさせることが必要。そうでなければ「お前の代わりはいくらでもいる」と言わざるを得なくなる。

▼応募者にも採用側にも「賭け」だ

原則として「就職」というのはない。専門職の要員として採用される場合も増えてはいるがまだ例外である。通常は、就職つまり会社に入るということは、入社であり、就社である。入社後は、どのような部署に配属され、どのような職種に就くのか及びその後の進路は、会社の考え方や思惑に委ねられる。

応募者にも採用側にも確たる自信や信念があって応募したり、選考したりしているのではない。特に採用側からいえば、複数の応募者の中から選考することは賭けに近い。しかも一度入社を決定すれば、賭けに外れても面倒を見なければならない義務が生じる。だからそのリスクをできるだけ少なくするため、出身校や職歴に気を配る。万が一のために予防線を張るのであ

就職というより就社

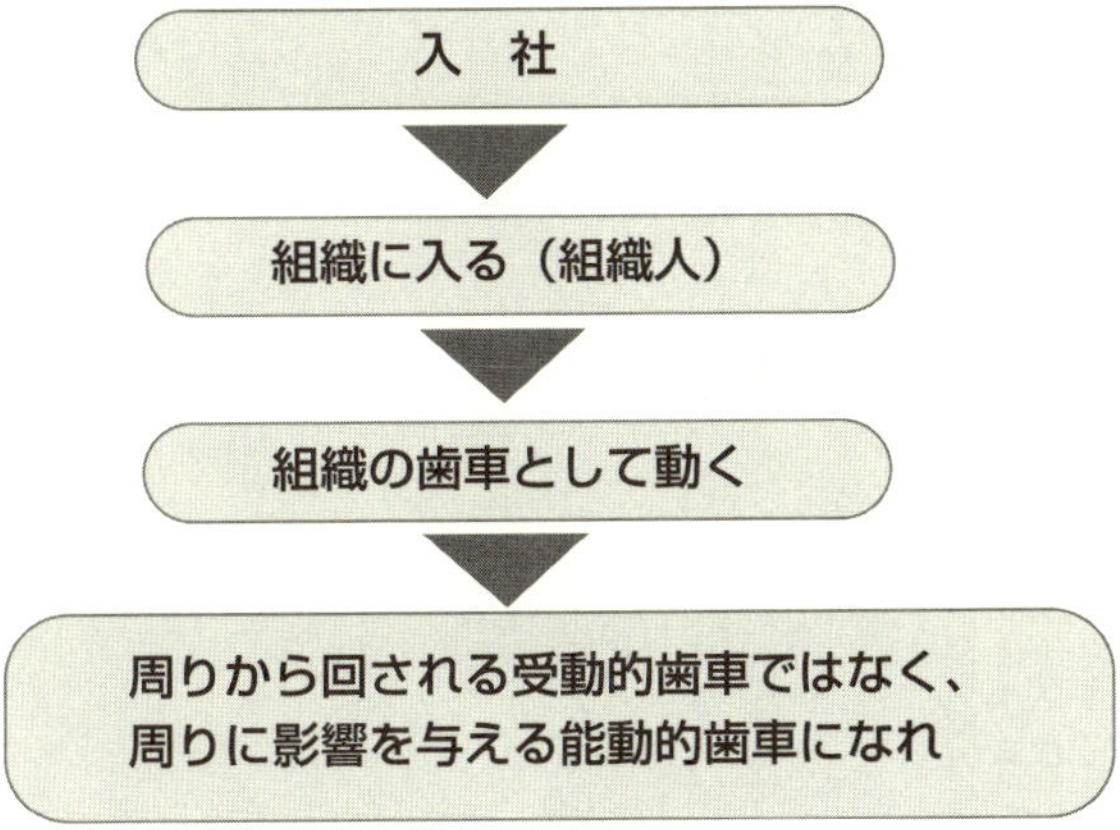
入　社
組織に入る（組織人）
組織の歯車として動く
周りから回される受動的歯車ではなく、
周りに影響を与える能動的歯車になれ

る。大手企業で応募の指定校制度が依然として止められないのはそのためである。

そこで、筆者は、採用に関しては一応の基準に達した応募者には、本人と採用側との合意の上で一定期間の契約雇用をすることを企業に勧めている。ある期間、本人に企業の実態を見てもらう機会を与え、採用側にも本人の適性等を判断するやり方である。

採用側からいえば、どんな学歴や職歴があっても、仕事を実際にやらせてみないと会社が必要とする人材かどうかは判らないものだ。一通りの筆記試験や面接試験にどんなに時間をかけても、それだけでは資質は判らないと言わざるを得ない。

組織の歯車になるということは

ひとたび社員として採用したからには、そ

の社員には就職と就社の意味をよく理解させなければならない。そして先ず教えなければならないことは、我社のルールである。やらなければならない事とやってはならない事の区別をはっきりさせる必要がある。我社に在籍する限りは、我社の組織人としての意識を理解させる事だ。

組織人としての基本は、その組織の歯車として動く事だ。こう言うと、「歯車」という言葉に反発する者が必ずいる。歯車にはなりたくないという者には歯車の本当の意味を教えてやって欲しい。組織はその目的のために同じ方向に進まなければならないのだから、とりあえず目指すべクトルと同じ方向に回ってもらわなければ困るのだ。一人でも逆回転すると組織は混乱する。しかし、歯車といえども単なる周りから回されるだけの受動的歯車ではなく、周りに影響を与える事ができる回り方をする能動的歯車が求められている。

縁あって就社してくれた社員に対しては、会社の方向を理解してもらった上で、存分に持てる力を発揮できる機会を平等に与える事だ。そして機会は与えるが、そのチャンスを生かすかどうかは本人次第である事を早くから認識させる必要がある。

客観的に見てどうしても我社に合わないと判断したときには、早めに進路転換をサジェストする事はかえってその人のビジネス人生にプラスになることも知っておきたい。

3

これからの「給料・賃金」体系はどう変わっていくのか

――社員が稼ぐためのガソリン。サラリー。

経営環境の変化と共に賃金体系は変わってきている。社員を育て、企業を伸ばす賃金体系を考えると、あえて賃金格差は必要――。

会社を強くする視点 →「給料・賃金」

給料だけで社員は動くか。給料は社員を動かす重要な要素ではあるが、それだけで動くわけではない。社員の処遇には給料や地位のように見える処遇もあるが、見えない処遇もある。たとえば知識や技能が身に付く、ビジネスパーソンとして鍛えられる等の部分である。見えない処遇を大きく与えられるようにしたい。

ガソリンは点火される事によって大きな力を発揮する。

▼成果主義と賃金格差

成果主義の流れの中で、ビジネスパーソンの所得格差が広がっている。学歴と勤続年数、性別を中心としたモデル賃金が当てにならなくなった。最近の日経新聞の賃金動向調査でも、上場企業及び有力非上場企業においては、その80％以上が何らかの形で成果主義を導入し、成果主義型賃金体系を導入拡大している。その結果、定期昇給や定昇相当分の賃金を見直す企業が増えている。松下電器産業、日産自動車、日立製作所等の大手企業は定昇を廃止した。福利的手当（家族手当・住宅手当）等を廃止している企業も多い。

経営環境の変化はこのように、社員の処遇の仕方を劇的に変えている。新卒の初任給でさえ格差が出る時代である。早期選抜の動きも盛んである。選抜の波をくぐってきた者には、40代

賃金格差

これからの賃金格差の考え方（例）

職責・役割格差

・就いている仕事とその内容によって格差を付ける
・ハイレベルの仕事には重い負荷と厳しい評価がされる分、職務給は高い

・学歴・職歴・性別は賃金に関与しない
・職務が違えば処遇は異なる

前半で経営トップの役割が与えられるチャンスがある。当然その過程では大きな賃金格差が出る。

社員の処遇は必ずしも賃金のみではない。技術や技能が身に付き評価される。こういった見えない処遇もある。

何が賃金格差を生むのか

それでは賃金格差が社員の能力格差なのだろうか。

これからの賃金は一般的な能力格差ではなく、その企業における職責・役割の違いによる格差と理解した方がいい。企業にはいろいろな役割がある。どの役割を担っているのかによって賃金格差が出るのだ。職務給的考え方が今後ますます強くなるだろう。

たとえば今まで同じような学歴・職歴・性

別であっても、現在やっている仕事が違っていれば当然そこに賃金格差が生まれる。営業職であってもルートセールスだけしかできない者と、企画・提案営業ができる営業マンでは賃金レベルは異なる。ドライバーでも単にハンドルを握って配達業務しかできない者と、配車ができセールスドライバーもできる者では当然賃金格差が出る。

そこで注意しなければならないのは、その格差は一般能力格差ではなく、その企業における役割格差であるという理解だ。企業にはハイレベルと見なされる仕事とローレベルと見なされる仕事がある。ハイレベルの仕事だけでもローレベルの仕事だけでも企業は運営できない。どちらも必要なのだ。社員が会社の選定や本人の希望でそれぞれの役割を果たしたとき、その社内で決められた役割の給与が支給されるのだ。

仕事に貴賤はない。しかし、企業における評価レベルの基準は必要だ。評価レベルの高い仕事にチャレンジする者にはそれだけの負荷と結果に対する厳しい評価が待っている。自分がどのレベルの仕事にチャレンジしていくかは社員の選択による。

そのことから企業は、仕事に対する選択のチャンスは平等に与え、結果に対する評価は厳正に行なう事がますます必要になってくる。

4

成果を上げてこそ「能力」とわきまえているか

——あることができる。ある行動が取れる。

会社が求めることに成果を上げた者が能力があるといえる。かつては知識や経験も能力評価に入れられたが、これからは能力があっても稼げなかったら評価されない——。

会社を強くする視点 →「能力」

その分野において、稼げる「知識」「技能」を持っていること。

どんなに高度な知識や技能を持っていても、それが実際に発揮され成果に結びつかなければ単なる物知りであり、潜在能力があるだけだ。潜在能力は顕在化させよ。能力がない者には危機感を覚えさせよ。

企業が評価する能力とは

いままでの人事考課の中で、評価のウエイトが高かったのが能力考課に関連する評価要素、すなわち判断力・指導力・管理力・理解力等の項目である。これらの能力は、社内の格付が上がるに従って、本来向上していくはずであるという前提があった。そして企業によっては、その要件は職能資格要件という形でまとめられ、社員に示している。

しかし、その要件は何度読んでも、その表現は曖昧でよく分からない。例えば、初級社員は○○を行なうために○○の知識と技能を持ち……、中級社員は○○を行なうために高度な○○の知識と技能を持ち……、上級社員は○○を行なうために極めて高度な○○の知識と技能を持ち……、となっている。高度と極めて高度とはどのように違うのかははっきりしない。

能力などというものはあまりはっきりさせない方が、組織に無用の混乱を起こさず、調和と

企業が求める能力とは

知　識
頭で知っていて、必要に応じてすぐに使える状態である

技　能
頭と体を使って何かができること

企業が求めているのは目に見える成果に結びつく顕在能力

↓

企業が求める職務内容に対して成果を上げた者だけが能力があると判断される

和が保てるという暗黙の了解があった。ここに年功序列・学歴主義の温床ができ上がっていった。

入社歴が長い者は短い者よりは、経験や知識が豊かでかつ会社へのロイアリティ（忠誠心）も高いのだから能力がある。学歴が高い者及び世間からいいと評価される職歴はそれなりの能力がある。このような「前提」が長く続いてきた。大手企業ほどその傾向が強かった。

目に見える実績だけが評価できるわけではない、能力が大事なのだという考え方から、曖昧な能力要件を使って調整弁としてきた経緯は否めない。そこに実績を上げた者とそうでない者が、処遇でたいした格差が出なかった理由がある。

しかし、バブル崩壊以降、企業環境が激変し、年功や学歴・職歴と能力の関係を見直さざるを得なくなった。企業が求めているのは潜在能力ではなく、目に見える成果に結びつく顕在能力である。年功や学歴、職歴は潜在能力の可能性の推測にはなっても、それが顕在化するかどうかは仕事をやらせてみないと判らない。

企業は一般的な能力を求めているのではない。成果を上げた者だけが能力があると判断される。稼げる能力が求められているのだ。

潜在能力を顕在化させるには

勝ち組企業と負け組企業の人材の基本能力はさして変わらない。明暗を分けるのは、その持っている基本能力を顕在化させ、成果に結びつけるビジネス能力として発揮させる仕組みや方法が企業にあるかどうかである。

能力を高め顕在化させるには、社員が持っている資質を教育訓練で磨きをかけ、一定水準の能力まで引き上げることが先ず必要である。その次に必要なのは、引き上げた能力を本人の熱意によって成果に結びつけさせる動機付けが必要だ。

今求められている能力は何なのか、そしてどの様な成果が期待されているのかを自分自身と部下に常に問い続けていかなければならない。

5

自分の「仕事」を理解して稼いでいるか

——仕事とは、自分の所得以上の稼ぎを会社に与える有形無形の行動である。会社は役所ではない。成果に対する評価は厳しくて当たり前。常に仕事内容のレベルアップを追求しているか。仕事観を持っているか——。

会社を強くする視点 →「仕事」

仕事は他人を喜ばせる行為である。

他人を喜ばせる仕事とは、他人の欲しいものを提供したり、困っている問題を解決する事だ。そのときにかかるコスト以上を稼がなければならない。それが本当の仕事である。自分の仕事に価値が見いだせないなら、それは単なる作業だ。

なぜいまの仕事をやっているのか

「会社に行くのは何のために行くのか」

「馬鹿なことを聞くのではない。仕事をしに行くに決まっている」

「それでは仕事とは何か。何のために仕事をするのか」

と、問いかけていくと、段々しどろもどろになる。給料を稼ぎに行くと答える者もいる。案外正直な本音のところかもしれない。それでは自分の収入を得るためなら、今の仕事をやっている意義は何なのか。給与を稼ぐためだけならば何も今の仕事でなくてもいい。なりふり構わないのであれば、今以上の収入を稼げる場所は結構あるものだ。

しかし、仕事は何でもいいというわけではない。その人の得手不得手、適性や好みの問題が必ず生じる。社会の中で何かをしたいという意識から、組織の中で働いているという実感か

本来の仕事とは？

仕事とは

- 相手が求める何らかの価値を提供すること
- 自分のコスト以上の稼ぎをしていること
- 仕事を通じて成果を上げ、それが会社や社会に認められること

ら、仕事というものの意義を感じられるようになる。

単に動いている、何かをしているというのは行動であっても「仕事」ではない。仕事とは周りに何らかの影響を与える行動である。特にビジネスにおける行動には何らかの経済的活動が伴う。全く無償の行動は活動ではあっても仕事とは言えない。例えば無償のボランティア活動は、活動ではあっても本来の仕事とは区別すべきである。

企業が展開するボランティア活動等は企業が活動する限り、やはり直接間接的には仕事なのである。

年収以上の成果を上げているか

仕事は経済的活動が伴うからこそ仕事である。自分にかかるコスト以上の稼ぎをして仕

事をしたと評価される。年収の何倍稼いで一人前といわれる根拠である。相手の求める何らかの価値を提供してこそ、しかるべき稼ぎができるのであり、稼げる仕事をしているのはそれなりの価値ある仕事をした証拠なのだ。

仕事ができないビジネスパーソンにかぎって、「自分はそんな仕事をやらなければならないほどの給料をもらっていない」という。それでは今の給料だから力を出し惜しみして、給料分の仕事しかしていないというのか。自分のやっている仕事の成果が収入の割に合わないと思っても、その差額は会社に貸していると思うのが、できるビジネスパーソンである。会社に貸しを作っている者は、必ずその貸した分に利息が付いて戻ってくる。

ビジネスの世界では、合法的かつ継続して会社に収益を与え、結果として自分もしかるべき収入を得た者が仕事ができる人なのだ。

単なるサラリーマンは、仕事をするふりをして毎日を過ごし、自分の所得にしか目がいっていない。本当のビジネスパーソンは仕事を通じて成果を上げることを第一とし、その成果が会社に客観的に認められ、それに応じた処遇も受けられる存在である。

仕事の本質をわきまえているビジネスパーソンは、自分の仕事が会社や社会に役立っているという仕事観を持っている。

6

現在の「職務」に安住していないか

——職務とはやらなければならない仕事。常にその内容を見直し、追求せよ。自分のレベルアップに繋がる。職務感覚を磨き上げよ。それでこそプロと言える——。

会社を強くする視点　→「職務」

一定期間に成し遂げなければならない成果責任。目標管理制度と連動させると、期首に職務は目標面接で設定され、評価時にその達成度が評価される。やるべき仕事がきちんとできていれば、成果は上がるはずである。できない社員には、自分の職務にどれだけ責任を感じているか問うて見よ。

▼常に仕事のレベルを追求せよ

忙しそうに動いているからといって、それが本当に働いているどうかは別である。本当の働きとは、会社が求めているものに対して活動し、成果を上げることである。単に動いているのは動作に過ぎない。野球にたとえるなら、ただボールを持つ、ただバットを握る、走る、投げる等の行為であり目的と何ら結びついていない。

これらの動作が目的達成のために判断、決断を行ない、行動し、結果を出して目的を達成したとき、一つのまとまった仕事(課業)となる。野球でいうならば、ピッチャーはサインを読んで目的通りに投げる。バッターは球を見極めて打つ。守りは打球を追いかけてつかみ、目標に投げる。キャッチャーはミットを構えサインを送り、球をつかむ等の行為である。

現在行なっている仕事はこの課業が集まって成り立ち、こうして社員達は就いている立場を

職務への取り組み

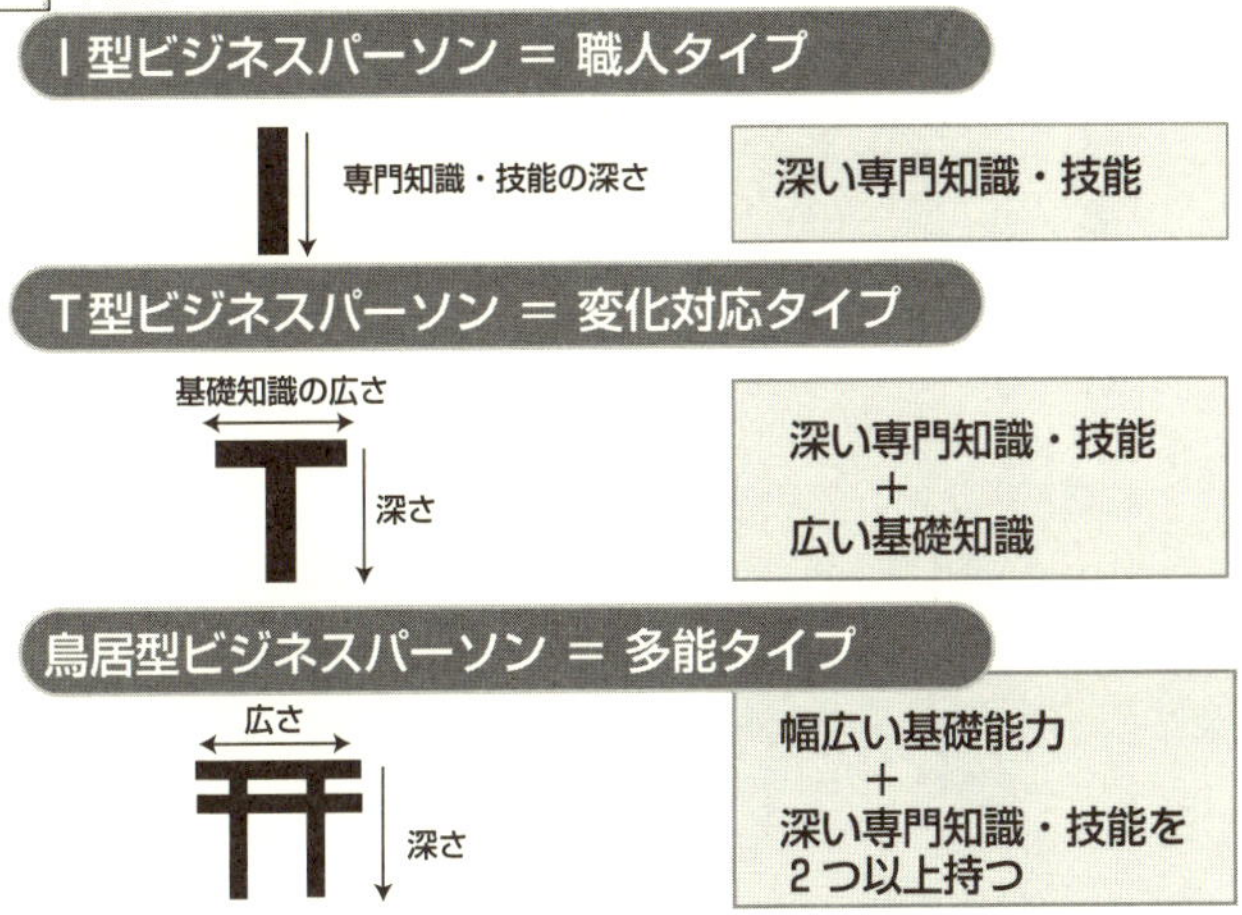

保っている。これが職位である。即ち職位とは、現在やっている仕事が集まったものである。

仕事は職位も大切だがそれで満足していては進歩がない。経営環境や職場環境はどんどん変化していく。

重要なのは、現在やっている仕事に安住せず、常に今やらなければならない仕事のレベルを追求することを忘れてはならない。

現在行なっている仕事（職位）の過重・不足・重複等を整理し、仕事の範囲、質、量、水準等のあるべき姿を常に見直すことが必要である。本来やらなければならないこれらが職務の考え方である。

職務内容を見直し、拡大と拡充に努めよ

現在やっている仕事と、やらなければなら

ない仕事の間には必ずギャップがある。このギャップに気が付くか否かで仕事内容に差が出る。できるビジネスパーソンはこのギャップを常に意識し、自分の職務内容のレベルアップを怠らない。忙しく働いているがその割には成果が上がらない人は、この職務感覚が希薄である。目先の仕事ばかりに追いまくられているために、職責に対応してレベルダウンの仕事はあっても、レベルアップの仕事には目がいかない。

現状の仕事のレベルに満足せず、今何をやらなければならないのかの視点を持ち、職務感覚を磨き上げる努力が必要だ。

さらに大切なのは、職務拡大と職務拡充の意欲である。自分の職務は常にその守備範囲を広げかつ深めていこうとする姿勢が欲しい。技術革新や経営環境の変化は、職務内容をどんどん変化させていく。かつての高度な専門技術が誰でもできる作業になったり、今まで経験のなかった職務が出現したりする。

職人型のI型ビジネスパーソンは危険である。少なくてもある程度の幅と深さを持ったT型パターンが必要である。筆者は更に以前からT型パターンを進化させた多能な鳥居(⛩)型パターン人材の養成を提唱している。

7

的確に「報・連・相」を行なっているか

――組織の中でツーカーの関係（コミュニケーション）を保つために、最低限守らなければならない基本動作。あらゆる手段を駆使して早急で的確な報・連・相を行なうにはどうしたらよいか――。

会社を強くする視点　→「報・連・相」

この基本動作ができていないために、大手有名企業が不祥事を起こす事件が続いている。自分はそれなりのレベルにあると自負している集団や、なまじ腕に覚えのあるプロ集団が危ない。報告の「報」は「悪い事から」という大原則を再認識しよう。

「報・連・相」基本中の基本は徹底させよ

何事にも基本が大事だと言われながら、実際には守られていない。ビジネスの基本は、挨拶から始まり、報・連・相や5S（整理・整頓・清掃・清潔・躾）にいたる。最近連続して起きている大手企業の不祥事も、報告・連絡のまずさから起きている。我社は水準以上の社員レベルが揃っているという独りよがりの自負が奢りになり、企業の存亡に関わるような事態を招いている。

レベルの高い人材が揃っているというおかしな自信が、組織を狂わせ、一言しかるべき所への報告・連絡や謙虚に相談をすれば防げたミスを、大きな不祥事に暴走させてしまう。自信家集団はとかく情報が個人に帰属してしまうことが多く、組織に共有化されない事がよく起きる。何でも自分で処理しようという癖が出やすいのだ。プロ集団と自負している組織ほど、報・連・相を徹底させる配慮が欠かせない。

報・連・相

報・連・相の必要性

- 業務の基本
- 組織力を強める
- コミュニケーションの要
- 業務を効率的に進める
- ミスの防止

報・連・相の原理原則をもう一度確認しておきたい。

・**「報告」**　報告は悪いことから先に行なうのが基本原則だ。人はミスを犯すことは避けられない。そのようなとき重要なのは、それをいち早くしかるべき所に報告し、最善の対策を打つことである。さらに、管理職が部下に対して指示・命令をした仕事は、報告をもって終了するということを部下に教えておくことだ。

・**「連絡」**　ITの発達により、上司と部下との連絡の手段は格段に発達したにもかかわらず、お互いに十分な連絡が取れずに仕事の処理のタイミングを外している場合が少なくない。連絡が悪いビジネスパーソンはビジネスチャンスを逃す確率が高い。重要な連絡はやはりフェイスツーフェイスで行なうことが基本だ。

・**「相談」** 困ったことがあったら気軽に相談にこい。こんな事を上司が言っても、部下は気軽に相談になど来るものではない。また、気軽に相談にばかり来るような部下は問題である。相談とは自分の考え方の正当性を再確認したり、チェックするために第三者に意見を乞う行為である。ただ漠然とどうしたらいいでしょうと聞くことは本当の相談ではない。単なる依存である。上司は自分の見解がない相談には応じない位の姿勢が欲しい。

▼「報・連・相」の評価の仕組みが必要

報・連・相は組織の風通しを良くし、意思疎通をスムーズにする。これにより、業務は効率的に推進され、不要なミスは未然に防ぐ事ができるようになる。複雑なシステムなど不要で、社員一人ひとりがその気になれば必ずできることなのだ。

しかし、これがなかなか実行されない。その原因の一つに人事評価制度の問題がある。本来なら早く問題解決に対処すべきとき、それをまともに報・連・相をすると、報・連・相をした者がマイナス評価を受けてしまう場合が多いのだ。だから自己防御本能が働き、事実を隠そうとする。どんなことでもきちんと報・連・相をした者はプラス評価される仕組みが必要だ。

8

「頑張る」とはどうすることか分かっているか

――持っている力を出し切らせる。そのためにはどのように励ますか。一番励まされる言葉は人によって異なる。社員一人ひとりのメンタルな部分も考慮しなければならない。また「頑張ります」を口実に、仕事を適当に済まさせてはならない。100%力を出し切って、成果を上げてこそ頑張ったと言える――。

会社を強くする視点　→「努力・頑張る」

その気になれば、本人ですら気付かない力が出る。

その人の置かれた状況をよく考えて、一番励まされる言葉を投げかける。どのように努力し、頑張ればいいのかを具体的に説明することもときには必要である。

「頑張れ」は単なる掛け声か

「努力しろ！」「頑張れ！」

こういう言葉はビジネスの場でもよく使われる。しかし、この言葉を投げかける方も受け取る方も、「では何をどのようにするのか」ということは曖昧なことが多い。この言葉を単なる掛け声にせず、効果のあるものにするにはどうしたらいいだろうか。

努力する、頑張るは、目の前にある課題に対して、今持っている力を出し切って立ち向かえと言うことである。それは相手に対して投げかける言葉であると同時に、時として自分自身を鼓舞させる言葉でもある。

人材を育て、自分を育てる上で重要なのは励ますことだ。が、問題はどの様に励ますかだ。その人の目指すべき先が明確に見えており、今の状態を維持向上させることでその目標達成の可能性が高いときには、もう一歩だ、頑張れ！は有効だ。

「がんばれ！」

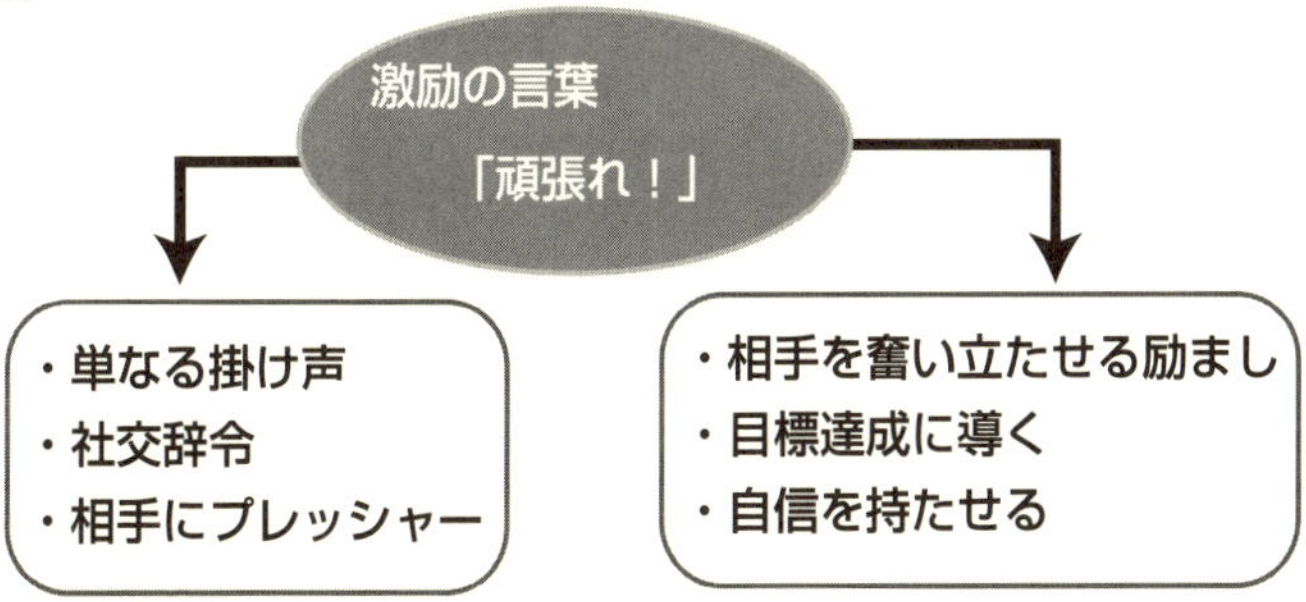
激励の言葉
「頑張れ！」
・単なる掛け声
・社交辞令
・相手にプレッシャー
・相手を奮い立たせる励まし
・目標達成に導く
・自信を持たせる

POINT
・その言葉が相手にどんな影響を及ぼすかを考える
・相手の状況を知り、相手の立場に立って考える

しかし、相手が何を目標に努力しているのかも、何に苦しんでいるかも分からず、ただ「頑張れ！」を連呼するのは単なる掛け声に過ぎない。暗中模索している人に頑張れを言うことは励ましにならないどころか、かえってプレッシャーを与えてしまう。

厚生労働省の調査によれば、うつ病を中心とした気分障害の患者数は増加の一途をたどり、日本人の成人の15人に一人がうつ病を患った経験があると推計されている。うつ病はストレスなどの影響で脳内の神経伝達物質が正常に働かなくなり、睡眠障害や倦怠感、頭痛などの症状を引き起こす。

このような症状を持つ人に元気づけようと「頑張れ！」と言うのは禁物である。頑張れる状態でない人に頑張れと言うのは、むちで打つのと同じだ。

相手の立場に立った言葉ならどんな言葉も励ましになる

状況を判断した、相手への励ましの言葉や助言、そして言葉ではなくともちょっとしたしぐさが時として思いがけない効果を生む。筆者自身もかつてたった一言で、難問題で立ち往生していた局面を乗り切れたことがある。

「この問題はあなたでなければ解決できません」

依頼された経営者のこの言葉に勇気づけられてチャレンジできた。黙って肩を叩かれ、それが決断のきっかけになったこともある。

反対に、落ち込んでいたある企業の若手管理職に「そんなことで落ち込むのは君らしくない。いつもの君になって欲しい。君ならできる」と言ったとたん、彼の表情に輝きが戻り、一変した経験がある。正に言葉は力である。

努力する、頑張るということは、何か特別なことをするのではない。自分の持っている力に気付き、気付かせ、それを引き出す状況づくりをすることだ。これは職場における管理職の重要な役割の一つである。

日頃何気なく使っている言葉も、単なる掛け声に終わらせるか、相手にいい影響を与えることができるかは、極力相手の立場に立って考える「共感の感度」を磨くことにかかっている。

9

自分の行動に「責任」が取れるか

――責任とは自らの身の振り方を賭けた果たすべき役割。会社の責任、仕事の責任を取るとはどういうことか。常に自分の行動・責任を省みよ――。

会社を強くする視点　→「責任」

自分自身の仕事の成果に決着を付ける事である。

仕事の決算。赤字の決算には、次の仕事で取り返す行動をすべきである。仕事の責任は仕事で取る。それでも埋め合わせが付かない場合は、会社から何らかの身の振り方を問われる。責任は自ら潔く取る。

責任を取るとは

権限の後ろには必ず責任がついて回る。本来責任のない権限は存在しないはずである。

しかし、責任の考え方がはっきりしていないため、無責任極まる経営不祥事がたて続きに起きている。

日産のリバイバルを成し遂げたあのカルロス・ゴーン氏が再建計画発表段階で、記者団の質問に答えて、この計画が不成功に終わった場合は職を辞すると明言した事はまだ記憶に新しい。辞職することが、必ずしも責任の取り方の最良な方法であるとは限らないが、自分の責任を公言した意義は大きく、それが日産再建の大きなバネになったともいわれている。

同じように責任の取り方に関して、筆者の身近でも同じような問題が起きたことがあった。

その企業では若手で評価の高いA課長は、その実績と能力を経営トップからも買われ、周りか

責任

responsibility＝責任

→　response＝反応　＋　ability＝能力

↓

相手にきちんと反応を示す
目的に対して行動を起こす

「責任を取る」とは
最後までできる限りの最善を尽くすこと

らは近々部長への昇進も間近と目されていた。ところがある時、取引先とのトラブルに巻き込まれ、かなりの損害を出してしまった。その月の定例の営業会議で、A課長は社長から「この件に関しては責任を取れ！」と厳しく叱責された。A課長は今まで順調な昇進を重ね、上司からましてや社長から怒られた経験などなかっただけに、大きなショックを受けた事はいうまでもない。

特に社長から言われた「責任を取れ」には動揺を隠しきれない。悩んだ末、筆者のところに連絡をしてきた。「社長から責任を取れと言われましたが、それは会社を辞めろということなのでしょうか」と神妙であった。

その社長の考え方や性格をよく知っている私はこうアドバイスをした。「今の世の中、責任を取れと言われてそのたびに辞表を出していたら、いくつ首があっても足りない。社長が言われた責任とは、会社を辞めろということではなく、今回の失敗を次の仕事で取り返せということではないのか」と。

A課長の顔色が急に明るくなったのを感じた。その後のA課長の奮闘ぶりはめざましく、今や役員候補の部長職に就いている。

常に自分の責任を省みよ

ビジネスパーソンの責任は、会社とのミッションを確実に果たしていくことにある。少し進んでいる企業は月次の決算を行ない、月次収支結果を確認し、次月以降の対策を立てている。特に管理職は部門経営者としての責務を果たすために、自分のミッションに対する月次決算を行なうべきだろう。今月の自分の行動は赤字なのか黒字なのか。累計ではどうなのか。赤字ならば今後どの様にその赤字を解消していくのか。

責任は英語で、response＝反応 と ability＝能力を合わせたresponsibilityである。責任は相手に対して反応を示す力ということになる。

ビジネスにおいては、目の前にある目的に対して、それを成し遂げるために果敢に立ち向かっていく気持ちとでも言えようか。責任は他に向かって言う言葉より、自分自身の物事に取り組む姿勢の言葉と理解した方が分かりやすい。その気持ちを責任感という。

10

「プロ」意識を持って仕事をしているか

——他の代替を許さない存在。どうせ働くなら、他の追随を許さない能力や技術を持ったダントツの人材となれ——。

会社を強くする視点　→「プロ」

アマチュアはある一定のレベルに達したらそれで満足する。プロフェッショナルは一定のレベルからスタートする。

並ではアマ、並の水準を超えなければプロではない。

堂々と自分はプロだと言えるか

監督職の解説のところでプロフェッショナルについても触れたが、我が国のビジネスパーソンは、今まで集団としての組織で動くことに慣らされてきたため、個人に焦点を当てて、プロフェッショナルな人材になれと言われてもただ戸惑うだけである。特に管理職にその傾向が強い。ひたすら滅私奉公で私という個人を否定し、否定されてきた流れの中で、あなた自身が成果を出せと言われても、どうしていいか分からないというのが現実だろう。

ただし、給料をもらって仕事をしている身だから、口が裂けても自分はアマチュアだとは言えない。しかし、それならプロフェッショナルかというとそう断言できる自信もない。だから日本のサラリーマンはセミプロ集団だと揶揄される。セミプロ集団とは優れているとは言えないが特に悪いわけでもなく、並の能力と技量を持った集団で動く人だと言うことだ。かつてはそのほうが個性や癖もなく、組織を思う方向に向けるには企業には都合がよかったのだ。

プロフェッショナル（Professional）

プロとは

- 並みではない
- 結果を出し、それを周囲に認められている
- 自らの仕事に自信がある
- プロとして自覚している

ところが経営環境が激変し、企業の人材の必要条件が変わってきた。年功序列、終身雇用の流れが大きく崩れ、成果主義の流れを抑えることはできなくなってきた。並の人材が集まった集団では、今の時代を乗り切ることはできない。

特に管理・監督職層はもちろんのこと、一般社員に至るまで、他の追随を許さない、他の代替を許さない一芸に秀でた、あるいは異能の持ち主が求められている。

プロとアマチュアの違いを自覚せよ

もっとプロ意識を持て、プロとしての技量や知識を身に付けよ、プロになれと日常でよく言われる。

プロフェッショナルの神髄を知るには、アマチュアとの対比で考えるのが分かりやす

い。

プロとアマとはどこがどう違うのか。これをビジネスパーソンに問いかけると、多くの人は収入のことを言う。プロは稼ぐ人、アマチュアは無償であると言う。それは一面当たっているが、スポーツの世界でも、最近はプロとアマチュアの境は曖昧になってきており、アマチュアが急速にプロ化し、オリンピック入賞者にも賞金が出る時代である。ビジネスの世界でも、経営には素人であっても、秀でた感性や技能でベンチャービジネスを立ち上げ成功させる人も現れている。

こう考えると、スポーツでもビジネスでも、その分野で結果を出し、その成果を周りに認めさせたときにプロになるといえるだろう。しかし、一度プロと認められても、そのプロとしての認識を継続させていくことはなかなか難しい。

あるスポーツ選手が、アマチュアが今日はもうこれでいいと練習を止めた後、さらに30分間練習するのがプロだと言っていた。30分というのは比喩だが、アマチュアと同じ時間のトレーニングでプロにはなれないのはビジネス社会でも同じである。

11

「優先順位」は何を判断基準とするとよいのか

――現在及び将来の儲けにつながる実行すべき順番。
顧客優先が常道。時間的には緊急・当面・中長期を判断基準とする。
優先順位を考えるということは、仕事全般を大局的に見るということである――。

会社を強くする視点 →「優先順位」

学校では試験は易しい問題から解いていけと教えられたが、ビジネス社会では急ぎの課題から取り組んでいくのが常道である。しかし、目先の問題ばかりに追われていると、将来の布石を打つ事を忘れる。緊急や当面の課題も常に中長期の視点から考え、手を打っていく事が的確な問題解決の道である。

▼優先順位の判断の誤りが致命傷になることも

一見同じようなことをやっていながら、成果に格段の差がついてしまう社員がいる。その原因の多くは、仕事に対する優先順位の判断の違いにある。

成果の上がらない人ほど額に汗し、ろくに休みも取らず忙しそうに働いている。それにもかかわらず思った成果が上がらない。そんな社員に対しては、仕事の優先順位を明確にしてから、具体的行動に取り組むよう指導すべきだ。

仕事はその優先順位から分類すると、3つに分かれる。緊急対策事項、当面対策事項、中長期対策事項である。

緊急対策事項は、すぐにでもその解決に着手しなければならない事項で、スケジュール的には遅くとも6カ月以内に処理する必要がある課題である。当面対策事項は6カ月~18カ月ぐら

優先順位の考え方

●顧客優先

●時間的基準

緊急対策事項
↓
当面対策事項
↓
中長期対策事項

いの間に、中長期対策事項は18カ月～24カ月位の間に解決しなければならない課題だ。

取り組まなければならない課題をこのように整理し、緊急度合いの高い課題から片づけていくのである。成果の上がらない社員はこの整理が下手で、たいていはどうでもいいようなことにエネルギーを使っている。臨機応変の問題に対する対応策もできない。

ビジネスの現場では、まずは成果が見えるところから手を打ち、それから重点度合いの高い課題から取り組んでいく。学校の試験のようにできる問題から取り組んでいたら仕事のタイミングを外してしまう。仕事には少し先を見据えた、目先の問題も大切なのだ。

優先順位を判断する3つの目

仕事の優先順位を的確に判断するには、3

つの目を持たなければならない。鳥の目・虫の目・魚の目である。

鳥の目は大局的な見地から状況を判断し、今後何をすべきか考える目である。この視点から今度は目先の課題を注視し、虫の目で複眼と触角で自分の身近で起きている課題に対応していく。地に足をつけて現実をよく判断する。魚の目は魚が潮流や水温を肌で感じ、その時に適した行動を取るように、自分の周りの空気を感じ取り、機敏に反応する。現実をしっかり見つめた上でのカンやヒラメキである。この3つの目をバランスよく磨き上げていると、仕事の取り組むべき優先順位が見えてくる。

さらに経営の視点からいえば、仕事の優先順位は顧客の求めるものの優先順位の判断でもある。会社の都合で先にするのではなく顧客の都合を先にする。そうすることで顧客の信頼を得ることができ、結果として企業にとっても収益につながっていく。この判断を誤ると、企業に対する信頼が揺らぎ将来に禍根を残す。最近の企業の不祥事は、顧客に対する打つべき優先順位と、企業の優先順位を間違えた事から起きている。

優先順位の判断に迷ったときには、一も二もなく顧客優先の判断をした対策を打ち、それから中長期の視野に立った次の対策を打つべきだ。

12

顧客が求める「品質」を提供しているか

——製品やサービスの要求水準を評価、測定する基準。

その水準に求められるレベルの度合いで、高品質・低品質の格差が付く。成果物の品質に対し、それに至るまでのプロセスの品質管理も重要——。

会社を強くする視点 →「品質」

品質に対する評価は、相手の期待レベルで変わってくる。期待より良ければ大いに満足する。期待通りであれば当たり前であり、期待以下であれば不満足となる。

企業に顧客の層のターゲットが大切なのはここにある。

品質の定義は?

国際品質マネジメントシステムであるＩＳＯ9001(International Organization for Standardization)の用語の定義にはこう書いてある。

【品質(quality)】 本来備わっている特性の集まりが、要求事項を満たす程度。「本来備わっている」とは付与されたとは異なり、そのものが存在している限り、持っている特性を意味する。「要求事項」とは明示されている、通常暗黙のうちに了解されている、又は義務として要求されているニーズもしくは期待という意味。用語としての「品質」は悪い、良い、優れたなどの形容詞と共に使われることがある。

英語の対訳なのでややわかりにくい表現になっているが、きちんと定義付けようとする意図はうかがえる。ＩＳＯも顧客満足という観点から品質というものを考えようとする姿勢が強くなっている。品質を考えるのは、それを提供される顧客のためだという基本思想がある。

品質

品質を捉える場合
- 成果物の品質
- プロセスの品質

企業が示す品質
- 品質方針
- 品質目標

企業の経営そのものの品質を捉える場合
- 経営品質

顧客の要求、満足度合いから品質を考える

顧客要求とは、顧客が最終的に要求している製品・商品・サービスのレベルといえよう。そこに顧客の期待値との比較がある。その期待値は最終結果だけでなく、結果に至るまでのプロセスも含まれる。最終結果は期待通りであっても、そこに至るまでの時間やさまざまな局面における対応が加味される。

企業が提供する品質は、成果物の品質とプロセスの品質の両面から見なければならない。最近はプロセスの品質がかなり意識されている。

ＩＳＯの品質についても、品質マネジメントの8原則として、顧客重視の他、プロセスの品質を守るためリーダーシップ・人々の参画・プロセスアプローチ・マネジメントへの

システムアプローチ・継続的改善・意思決定への事実に基づくアプローチ・供給者との互恵関係が明示されている。

顧客の満足は顧客の期待度と品質との関係で決まる。提供された品質が期待通りであったか、それ以上であったか、それ以下であったかである。

企業はすべての顧客に満足を与えることはできない。そのため、我社の対象とする顧客層はどこで、そこにどんな品質の成果物やプロセスを提供しようとしているかを明確にしていかなければならない。これを品質方針、品質目標という。

たとえば、品質方針は、自分たちの仕事はお客様の利益を生み出すことと認識し、そのためにクレーム件数を現在の50％減を目指し、納期遵守度を98％以上にする等の品質目標を掲げ、その実現にチャレンジすることだ。

最近では経営そのものの品質を考えようという活動もある。(財)社会生産性本部が創設した日本経営品質賞では、「経営品質」とは製品やサービスの品質だけでなく、企業が長期にわたって顧客の求める価値を創造し、市場での競争力を維持するための仕組みの良さと定義している。その基本理念は顧客本位・社会との調和・独自能力・社員重視である。

13

「顧客満足度」をアップさせるにはどうしたらよいのか

——企業が提供する商品・サービス等に対して、顧客が得られるクオリティ（品質）と認める価値の度合を言う。確たる基準はなく曖昧ではあるが、これを追求する姿勢は不可欠——。

会社を強くする視点 →「顧客満足度」

顧客と企業の両者がお互いにつきあってよかったと思い合う関係。

顧客満足は顧客に満足を与えるという単なる精神的なものではない。経営戦略の一つであり、単なるモノの価値だけではなく、モノ＋心の満足を与える事。顧客から見た自社の存在価値をいかに上げるかだ。

CSのためなら何でもするという考え方の時代ではない。

▼曖昧で定義がない顧客満足

モノが売れなくなると、顧客満足が第一との声が一段と高まる。そしてお客様は神様です、のような飛躍した考え方に企業のマーケット政策は混乱する。これだけ顧客満足が繰り返し唱えられているということは、顧客満足とは何かという考え方が多岐にわたっていると同時に、それだけ奥が深い課題ということができる。

CS(Customer Satisfaction)経営という概念は、企業が自分の立場ばかり優先し、利益の追求にばかり走り、顧客の本当に求めているものをないがしろにしているという反省から、1980年代のアメリカで発達したと言われている。

経営は顧客あっての経営であることは誰しも認める。それでは顧客とは何かというと、判っ

顧客満足を創造する

顧客価値創造型企業

・本当の顧客（ターゲット）を絞る
↓
・ターゲットのニーズを掴む
↓
・ターゲットの価値観に合う商品やサービスを提供する
↓
・他の企業との差別化を図る

ているようで案外曖昧である。顧客とは自社の商品やサービスを購入してくれる人をいうと定義付ければ、たまたま偶然に購入してくれた人も、購入を繰り返してくれるいわゆるリピーターやファンも顧客である。今後に商品やサービスを購入してくれる可能性がある人も潜在顧客と言ってもいい。

さらにその顧客の満足度となるといっそう漠然としている。満足という心理的かつ個人的価値判断が強い感覚に対する定義は難しい。そしてその満足という度合いを何を持って計るのか。アンケートやインタビューも一応の参考にはなるだろうが、その正確度となるとかなり疑わしい。その真意を確かめる事が難しいからだ。

結論から言えば、顧客満足の確たる基準は

ない。顧客個人の精神的価値観と企業が提供する商品やサービスの比較の問題である。
たとえば、屋台のラーメン屋でラーメンを食べたとき、たとえゴキブリが這っていたとしてもたいして気を留めない人が、高級中華料理店では不満をあらわにしてクレームを付ける。

顧客満足を創造する企業

それでは顧客満足は単なる顧客の精神的なものだけかというと、最近は企業側から積極的に顧客満足の考え方を明示していこうとする動きが目立つ。

自社にとっての優良顧客(20%の優良顧客が80%の利益をもたらす)を意識して引き付ける対応である。自社の本当の顧客を選別し、求めるニーズを知り、それにターゲットを合わせる。すべての生活者を顧客とすることなどとてもできない。企業とお互いに助け合う関係で、相互のメリットを追求する人を顧客とし、その価値観に合う商品やサービスを提供し続ける経営戦略である。

ターゲットとする顧客のことを常に考え、その人達が何を求め、何をやりたがっているのかを的確に掴み、さらに他企業との差別化を図っていけるかどうかが問われている。そのような企業を「顧客価値創造型企業」と呼んでいる。

顧客に満足を提供できる企業は、満足を創造し提供することを働きがいとする社員の満足が大きなバックボーンとなっている。

14

「始業」時にウォーミングアップは済んでいるか

——始業とはすぐに仕事を始められる状態をいう。職場の規律を理解していなければ、充分な仕事はできない。社員全員がこれを守らなければ社内の統制はとれない——。

会社を強くする視点　→「始業」

職場には規律が必要である。いつ仕事を始めたのか、いつ終わったのかもはっきりしないダラダラとした職場雰囲気では、社員のモチベーションは低下するだろうし、当然良い成果は望めない。

始業・終業の規律は工場なら必要だろうが、個人の裁量に任された部分の多い職種ではその必要はないのではないかという反論もある。時間よりも成果であるというのだ。

裁量労働制は拡大傾向にある。しかし、個人業ならともかく、組織の中では裁量の中にも始業と終業の考え方はきちんと持たせたい。

▼職場には規則正しいリズムとけじめを付ける規律が必要

職場には基本レベルの規律と、行動リズムが必要だ。いつ仕事が始まりいつ終わるのか、この基本ルールは就業規則に明記しなければならないことになっている。通常チャイムなどで始業、休み時間、終業を知らせているところが多い。特に工場では、始業から終業にいたるリズムを毎日規則正しく保持している。そうしないと、連帯の生産・製造活動ができないからだ。

かつて、労働者は労働時間を売っているのだという意識が強かった時代があった。そのような時代には、始業・終業の考え方が議論を呼んだ。始業に関しては、定められた時間に職場に

就業の規律

始業

業務を開始すること

終業

就業時間内にやらねばならない業務を完結した状態。

残業

本人からの申請または上司の命令により、上司の承認のもとに就業時間外に職務を遂行する行為。

たどり着けばいいのか、工場の門をくぐりタイムレコーダーを打刻していればいいのか。終業に関しては帰り支度を済ませ、すぐにでも会社を飛び出せる状態にするのは許されるのか。

今考えると、雇う側と雇われる側という労使関係での対決意識が強かった時代の不毛の議論である。この背景には、働く側は常に不利な立場にあるという考え方が強かった。

しかし、現在では経営環境の変化によって、働く側は働かされているという意識であったのが、会社は自己実現の場であるという意識に変わってきた。自分のために働くというポジティブな考え方だ。

始業で仕事の準備スタートはダメ

このような状況の変化で、始業・終業につ

いての考え方を時代対応型の考え方に定義しておく必要がある。始業はその時間には仕事がスタートしている状態であり、始業の時間で準備に入るのではない。始業段階では仕事のウォーミングアップは済んでいなければならない。仕事の成果を上げるための当然の事前準備だからだ。企業によっては始業前に掃除やラジオ体操を済ませているところもある。もちろん、それに関して時間外手当てなど支給していない。

働きやすい職場づくりの労務管理の基本は、職場での問題をできるだけ法律問題にしないことだ。それは違法行為を黙認することではない。会社の風土として、社員が自主的な活動として根付いているのであれば、あまり神経質に対応することはないのである。掃除やラジオ体操、研修会等についても、会社から強制されて嫌々やるのではなく、自分たちのため、社内の習慣として、「自主性」を尊重し根付かせる事が望ましい。

最近では裁量労働制の運用も緩和され、仕事は時間ではなく成果であるという考え方も広く受け入れられるようになった。そのような勤務態勢の普及に伴い、始業・終業の考え方も変化していく。企業という組織では画一的な勤務態勢から柔軟な勤務態勢への変化は避け得ないだろう。しかし、どんな勤務態勢になろうとも、組織に所属している限り、けじめのない仕事のすすめ方では成果は上がらない。仕事には必ず納期がなければならない。いつ始まり、いつ終わるのか、始業・終業の考え方を職場には定着させたい。

15

ダラダラとムダな「会議」を開いていないか

――会議は儲けるための施策を練る場であり、意思決定の場である。議論だけをする場ではない。中身のない会議もムダだ――。

会社を強くする視点 →「会議」

参加者は資料を前もって読んでおく。課題の質問から始める。衆知を結集し、問題点を明確にし、対立点を討議し、結論を出す。会議の責任者及び司会者は、会議のあり方やプログラム・進行については常に検討・見直しをする姿勢でいることだ。

生産性の低い会議など不要だ

社員が会議に割く時間は実働時間のどの位の割合になっているかを把握しているだろうか。管理職は平均すると、30％を超えているのではないだろうか。会議は企業運営にとっては必要不可欠である。しかし、社員同士の意思疎通の手段が多角化してきた現在では、会議のあり方を見直してみる必要がありそうだ。

会議にはその生産性が問われる。会議の生産性とはかかった時間に対し、どれだけの具体的な成果が結びついたかだ。ただ、時間の長短にこだわらなくてもいい。会議に費やした総時間(事前・事後も含め)よりも、会議時間一単位当たりどれだけの付加価値を生んだのかの検証が大事なのだ。

会議は会議のための会議ではない。企業業績を上げるための手段の一つとして開かれなければならない。会議の生産性が低い会社の会議の典型は、会議開催の日程だけが決まっていて、

生産性の高い会議にするには

- ●目的
  - ①伝達目的
  - ②最良案創造目的
  - ③合意目的
- ●論点
- ●決議事項
- ●課題

→ 明確にする

その日にならなければその会議で何をするのかがはっきりしていない。あるいは、決まったパターンの繰り返しに終始しているかだ。

　生産性の高い会議にするために、会議の目的は何かを再確認したい。会議は以下の3つの目的のために開催される。

①伝達目的（必要な事項を知らせる）

②最良案創造目的（いろいろな意見やアイディアを交換することにより、より優れた結論を引き出す）

③合意目的（参加者の考え方や価値観のレベル合わせをする）

　多くの会議は②③の目的で開催されることが多い。①の伝達目的は、Eメールや社内電子掲示板などでほとんど用が足りる。この部分に割く時間は極力削減するようにすべきである。しかし課題によっては、やはりフェイスツーフェイスで顔を直に合わせて伝達した方がいい場合もある。

レベルの高い有意義な会議にするには

会議で重要なのは、会議をリードする人材の力量である。単なる司会に終わるのではなく、その会議目的に参加者の意識を向けていく力だ。何が論点で、何が決まり、何が課題として残ったのかを参加者にきちんと理解させる能力である。

会議は放っておくと、参加者レベルの低きに流れるおそれがある。発言内容や提案内容よりも、誰の発言や提案であるかが優先される傾向にないだろうか。いわゆる声の大きい人に左右されるだけの会議では会議の生産性は上がらない。

それだけに、経営トップ陣の会議での発言責任は重い。その時の思いつきや気分で発言して、会議を混乱させるだけでは、他の参加者の会議出席意欲を減退させる。ワンマン経営者の欠点の一つは、会議でのワンマンショーによって、本来有能な社員達が、自ら考え発言し提案する意欲や能力を失わせることにある。

【参考文献】
「よくわかる経営用語」ヒューマンバリュー・マネジメント（明日香出版社）
「㊔商業用語辞典」川崎新一・倉本初夫監修（商業界）
「賃金実務　No.915」（産労総合研究所）

【著者略歴】
松井健一(まつい・けんいち)
◎1943年生まれ。日本大学法学部卒業。
◎経営コンサルタントを経て、現在、松井経営人事研究所を主宰。
中堅・中小企業を中心に組織改革、経営・人事刷新などのプロジェクトを積極的に取り組む。とくに人事教育制度の改革、労使問題の解決、給与体系・評価制度の整備などに熟達。現場に密着した実践的個別指導には大きな実績があり、高い評価を得ている。
◎主な著書に、「社長、ホンネで社員を使い切れ!」「頼むからこんな幹部になってくれ」「経営の仕組みが面白いほど分かる本」「人材棚卸の時代」「強い社長になる37の法則」「人を動かす44の心理法則」「年俸制時代を生き抜く」など多数。
【連絡先】 松井経営人事研究所
〒272 千葉県市川市市川南1-1-8-713
TEL:047-321-3900
FAX:047-321-3901
E-mail: consul@matsui-mgc.com
http://www.matsui-mgc.com

社長が口に出して教えるべき「会社を強くする50の定義」

2004年9月17日 第1刷発行

著 者——松井 健一
発行者——八谷 智範
発行所——株式会社 すばる舎
〒170-0013 東京都豊島区東池袋3-9-7 東池袋織本ビル
TEL 03-3981-8651(代表)
03-3981-0767(営業部直通)
FAX 03-3981-8638
振替 00140-7-116563
Subarusya
印 刷——図書印刷株式会社

ISBN4-88399-308-6 C0030